Made in the USA
Columbia, SC
27 August 2017

دعای خداوند

(ربانی)

نگاهی عمیقتر به متی ۶: ۹- ۱۳

Published by Heart4Iran

Visit us at:

heart4iran.com

دعای خداوند

(ربانی)

نگاهی عمیقتر به متی ۶: ۹- ۱۳

ادوین کشیش آبنوس

نشر توسط سازمان

Heart4Iran

ویراستار: فرید یاسینی

Lord's Prayer

A closer look at Matthew 6: 9-13

Edwin Keshish-Abnous

Lord's Prayer first published in 2017 by Heart4Iran

www.heart4iran.com

Editor: Farid Yasini

تقدیم به همسر عزیزم یِلِنا و فرزندانم، اِرْن و کریستوفر

فهرست مطالب

در زمانه ای هستیم که تعداد مسیحیان فارسی زبان به طور چشمگیری رو به افزایش است و کمبود مآخذ مشروع ایرانی که بتوانند باعث بالا رفتن سطح بینش مردم در فرهنگ مسیحیت شوند، بسیار محسوس است؛ از این روی، نهایت خوشبختی است که ادوین کشیش آبنوس در این کتاب نفیس، دست به قلم برده است و یکی از فرازهای درخشان انجیل متی را به فراستْ کاویده است. دعای خداوند(ربانی)، کتابی است برای متفکرانی که جویای درک مفاهیم الهیاتی مسیحی اند. من این کتاب را نه فقط به مسیحیان، بلکه به تمام متفکران و اندیشه ورزانِ هر زمینه ای، توصیه می کنم.

- دکتر مایک انصاری، مدیر عامل Heart4Iran

ای پدر ما که در آسمانی

نام تو مقدس باد

پادشاهی تو بیاید

ارادهٔ تو، چنانکه در آسمان انجام می شود،

بر زمین نیز به انجام رسد.

نان روزانهٔ ما را امروز به ما عطا فرما.

و قرضهای ما را ببخش،

چنانکه ما نیز قرضداران خود را می بخشیم.

و ما را در آزمایش میاور،

بلکه از آن شریر رهاییمان ده.

زیرا پادشاهی و قدرت و جلال، تا ابد از آن توست.

آمین.

(متی ۶: ۹- ۱۳)[1]

---

[1]ترجمهٔ هزاره نو

مقدمه

دعای خداوند(ربانی) ، نخستین دعایی بود که در کودکی آموختم و طولی نکشید که جزء جدا نشدنی دوران بچگی تا دبیرستان من گردید. به یاد می آورم که هر شب پیش از خواب، همانطور که مادرم به من آموخته بود، این دعا را زیر لب زمزمه می کردم و در انتها نیز با کشیدن صلیب روی سینه ام آن را خاتمه داده، با خیالی راحت به این امید که خدا مرا در خواب محافظت خواهد نمود چشمانم را می بستم. تکرار هر شب این دعا، به من کمک کرده بود تا در کوتاه ترین زمان ممکن این دعا را قرائت کنم و این تکلیف شبانه و در عین حال، ورد محافظت را به زبان بیاورم. گمان می کنم که رکورد نهایی که از خود بجای گذاشته بودم، زیر پانزده ثانیه بود.

با اینکه این دعا برای من و میلیونها نفر نظیر من، نیایشی آشنا و روزمره بود و چنانکه هر روز در مراسم صبحگاهی مدرسه[2] و شب پیش از خوابیدن، آن را می خواندیم، اما آن را درک نمی کردیم و نمی فهمیدیم، و از اعماق این دعا ذره ای آگاهی نداشتیم؛ حتی شاید اشتباه نکرده باشم اگر بگویم، این بی خبری، در دوران ایمانی ما نیز ادامه می یابد. مطمئنم بسیاری از مسیحیان ارتباط چندانی با این دعا برقرار نمی کنند و گمان می کنند که متن و پیام این دعا، با دنیای معاصر سازگاری چندانی ندارد.

اما اگر به دنیای عیسی مسیح نظری بیفکنیم و شرایط آن زمان را با آنچه که امروز در اطراف ما می گذرد مقایسه نماییم، خواهیم دید که دنیای زمان مسیح نیز آکنده از بی عدالتی ها، گرسنگی و شرارت ها بود؛ و این دعا، ندای درخواست عدالت را به آسمانها بلند می کند؛ در این دعا، مسیح درخواست نان و بخشش و رهایی می کند؛ اگر به طور مثال، به روزنامهٔ صبح امروز در کشور خود نگاهی بیندازید، شمه ای از این بی عدالتی ها، گرسنگی ها و شرارت ها را خواهید دید. [3] دنیای ما چندان تغییر نکرده است.

دعای خداوند(ربانی)، نه تنها نقشه ای زیبا برای پیمودن طریق روزانهٔ ما است بلکه روزنه ای نورانی در جهت شناخت بهتر و عمیقتر عیسی مسیح و ماموریت آسمانی وی نیز می باشد. این دعا، مسیح شناسی ما را غنی تر ساخته، تجربهٔ پویای سیاحت مسیحی مان را نیز رنگین تر خواهد نمود؛ آیا تا به حال این تجربه را داشته اید که در هنگام دعا، جویبار کلمات شما خشکیده باشد و راه خود را در این مشارکت آسمانی با خدا گم کرده باشید؟ آیا تا به

---

[2] در مدارس ارامنه رسم بر این بود که هر روز صبح، دعای خداوند(ربانی) به شکل جمعی قرائت می شد که البته طولی نکشید که اجازهٔ این کار نیز از مدارس مسیحی سلب گشت.

[3] Wright, N. T. *The Lord and His Prayer*. WM. B. EERDMANS, 1996.p2

حال این احساس را داشته اید که مایل بوده اید تا ارادهٔ خدا را بطلبید اما از اینکه خواست خدا چیست، چندان اطمینان نداشته اید؟ دعای خداوند(ربانی)، همان نقشه ای است که نه تنها راه دشوار نیایش را برای ما آسان خواهد ساخت بلکه طریق سلوک در انسانیت باطن ما را نیز برای ما هموارتر خواهد گردانید.

نیایش مسیحی، سلوکی اسرارآمیز است؛ مکالمه ای با خداست، هنگامی که در مِه قدم می زنیم. چگونه می توان این شکاف ژرف بین لایتناهی و فانی را پُر کرد؟ چگونه می شود که فراباشنده با انسانی خاکی که عمر وی چون حبابی است به گفتگو بنشینند؟ دعا کردن راز است و آنانی که وارد این سرزمین می شوند، چیزهای عجیبی را تجربه می کنند. *ژوزف رتسینگر*[4]، پاپ سابق کلیسای کاتولیک، به بخوری که در کلیسا سوزانده می شود اشاره کرده، به ما یادآور می شود که دود ناشی از سوختن این بخور، نماد دعاهای مقدسین است که به حضور خدا بالا می رود؛ این برگرفته از تشبیه و تصویر زیبایی است که کتاب مکاشفه نیز به ما می بخشد[5]؛ اما او اضافه می کند که این دود، معنای دیگری نیز دارد؛ این دود برای این است که به چشم من و شما فرو برود و سوی ما را کم کند؛ این دود قرار است تا جلوی دیدگان ما را گرفته، به ما نشان دهد که وارد دنیای اسرارآمیز شده ایم؛ خدا گرچه آشکار است اما باید او را یافت؛ خدا در دسترس است اما برای دست یافتن به وی، باید در دعا و با سویی کم، به او اعتماد کرد و باور داشت که جای قدمهای معبود، ما را راهنمایی می کند؛ اگر احساس می کنید که دود، چشمان

---

[4] Joseph Ratzinger

[5] ر.ک مکاشفه 5: 8

شما را می سوزاند و نمی دانید که گام بعدی را کجا باید نهاد؟ به دعای خداوند(ربانی) روی آورید؛ به این نقشه ای که به زیبایی راه را مشخص می کند، بیاندیشید. یکی از گوهرهای زیبای نهفته شده در این دعا، این است که خاکساری عابد را به او یادآور می شود، اینکه از این دنیای خاکی هستیم و در حین تردد و حیات در این کرهٔ آشفته، پیکر ما غبار آلود می شود؛ درد داریم و درد ما واقعی است؛ گرسنه هستیم و این توهم نیست؛ شریر، رخت ما را از تن ما دریده، عریانی ما نمایان است. اما این دعا، چیز دیگری نیز برای گفتن به ما دارد؛ اینکه خدایی هست و نه تنها هست، بلکه او پدر ما است؛ پدری که زخمها و افتادنها و لرزها و شکستگی های ما را می بیند؛ اشک های ما، قلب پدرانه اش را می رنجاند؛ او خداست و او پدر ما است. دعای خداوند(ربانی)، با مطرح کردن مفهوم خدا و پدر، گوییا دو عالم زبرین و زیرین را به هم می پیوندد. عروس مسیح (کلیسا) به مدت دو هزار سال است که این دعا را در جماعت های مختلف به زبان آورده است و کلیساهای گوناگون از شاخه های متنوع، این نیایش ربانی را به شیوه ها و اصوات متنوع ادا نموده اند. این دعا، برای من نقطهٔ تماس و پیوند با کلیسای تاریخی است. دعای خداوند(ربانی)، آن زمین مشترکی است که کلیسای جامع، از همهٔ ادوار تاریخ بر آن ایستاده است و به یک صدا، به خداوند و خدای خود خطاب می کند.

لحظه ای به شاگردان مسیح فکر کنید؛ جوانانی که شبانه روز او را دنبال می کردند و شاهد تعالیم بی نظیر وی و معجزات عجیبی بودند که از دستان وی صادر می گشت؛ مسیح دعا می کرد و دعاهای وی شنیده می شد، عیسی با پدر صحبت می کرد و پدر با گوش جان، ندای پسرش را شنیده، به آن لبیک می گفت؛ اگر شما جای شاگردان بودید چه می کردید؟

شاید شاگردان می توانستند نزد وی رفته از او بپرسند: عیسی، به ما یاد بده که چگونه آب را به شراب تبدیل کنیم؛ و یا ممکن بود پرسش آنها اینگونه بیان می شد: به ما روی آب راه رفتن را تعلیم ده! و یا شاید ممکن است سوال می کردند: به ما بیاموز تا مردگان را زنده سازیم. اینها نظیر سوالاتی بود که من از عیسی مسیح می پرسیدم... اما آنها نزد عیسی آمده، از وی پرسیدند: خداوندا، دعا کردن را به ما تعلیم نما.[6]

در اینکه شاگردان حضور مافوق الطبیعی خدا را در دعاها و نیایش های مسیح لمس می نمودند، شکی نیست؛ بیماران شفا می یافتند، دیو زدگان از اسارت روح های شریر آزاد می گشتند، مردگان زنده و گناه کاران بخشیده می شدند. چه کسی تا به حال چنین دعایی را شنیده و دیده بود؟ شاگردان هم مانند بسیاری از ما، حضور بی نظیر روح خدا و معجزات عجیب را تنها در داستانهای عهد عتیق خوانده بودند؛ آنها این داستان ها را از معلمان مذهبی خود شنیده بودند، اما اکنون آنها را می دیدند. شنیدن کی بود، مانند دیدن!

گمان می کنم هر یک از ما، چون شاگردان، نزد استاد خود می رفتیم و از او می خواستیم تا به ما دعا کردن را یاد بدهد.

اما شاید، افزون بر آنچه واضح است، دعای مسیح کیفیت دیگری نیز داشت؛ دعای مسیح با دعای فریسیان و مذهبیون ریاکار بسیار متفاوت بود؛ من و شما با این جنس از روحانیون آشنایی زیادی داریم؛ به ظاهر مخلصان خدا که نمایش های رنگارنگی را بازی می کنند؛ ادعای دین داری دارند اما صداقت و راستی در دیانت شان

---

6 Sproul, R. C. *The prayer of the Lord*. 2009: Reformation Trust Publishing. p3

غایب است؛ خدا را صدا می زنند اما می دانیم که مخاطب شان من و شماییم. صدا به گوش من و شما برسد، کافیست!

واعظان کاین جلوه در محراب و منبر می کنند

چون به خلوت می روند آن کار دیگر می‌کنند

مشکلی دارم ز دانشمند مجلس بازپرس

توبه فرمایان چرا خود توبه کمتر می کنند

گوییا باور نمی دارند روز داوری

کاین همه قلب و دغل در کار داور می کنند

"حافظ"

عجیب نیست که شاگردان، پاکی دعای عیسی را می ستودند؛ دعای مسیح صاف بود، چون آب زلال حیاتی که از دل خدا جاری می شود؛ دعای مسیح بی ریا بود، بی آلایش و آسمانی. شاگردان، آن شفافیت و صداقت را می خواستند.

به قول احمد شاملو:

پاکی آوردی ـ ای امیدِ سپید!

همه آلودگیست این ایام.

"شعر برف"

اگر مناجات عمومی ما در حضور مردم بیشتر از دعاهای ما در نهان است، شاید انگیزهٔ ما نیاز به بازبینی داشته باشد!

ویلیام بارکلی می گوید که یهودیان توجه بسیاری به دعا می کردند؛ آیین های مذهبی، قوانین و چارچوب های وضع شده در طی تاریخ در میان یهودیان، نشان از جایگاه ویژهٔ عبادت و نیایش در بین قوم خدا دارد. معلمین مذهبی می گفتند که دعا بسیار مهم است، حتی بزرگتر [و مهمتر] از کارهای نیکو. یکی از زیباترین گفته ها در مورد عبادت خانوادگی از زبان ربایان بیان شده است که می گفتند: آنکه با اهل بیت خود دعا می کند، خانه اش را با دیواری مستحکم تر از آهن پاسبانی می نماید.[7]

او می گوید که اگر مقام عبادت و نیایش در این قوم، والا نبود چنین قصوری نیز در دعاها دیده نمی شد.

شاگردان از مسیح خواستند که به آنها بیاموزد که چگونه دعا کنند؛ اما مسیح نخست به آنها یادآور شد که چگونه دعا نکنند!

> و چون عبادت کنی، مانند ریاکاران مباش زیرا خوش دارند که در کنایس و گوشه‌های کوچه‌ها ایستاده، نماز گذارند تا مردم ایشان را ببینند. هرآینه به شما می‌گویم اجر خود را تحصیل نموده‌اند.
>
> لیکن تو چون عبادت کنی، به حجرهٔ خود داخل شو و در را بسته، پدر خود را که در نهان است عبادت نما؛ و پدر نهان‌بینِ تو، تورا آشکارا جزا خواهد داد.

---

[7] Barclay, William. *The Lord's Prayer. What the Bible tells us about the Lord's Prayer*. 1975: . Saint Andrew Press. p4-5

و چون عبادت کنید، مانند امّت‌ها تکرار باطل مکنید زیرا ایشان گمان می‌برند که به سبب زیاد گفتن مستجاب می‌شوند. (ترجمهٔ قدیم متی ۶: ۵ تا ۷)

دکتر *اسپرول* [8]در کتاب خود، دعای خداوند(ربانی)، به مسألهٔ ریاکاری اشاره می کند و می گوید این واژه (ریاکاران) در عهد جدید برگرفته از واژه ای بود که برای شخصی استفاده می شد که در تآتر، نمایشی بازی می کرد. نقش آفرینان در این نمایش، شخصیتی را بر خود می گرفتند که ساختگی بود. عیسی مسیح در مورد مذهبیونی صحبت می کرد که زندگی آنها با آنچه بر لب می آوردند سازگار نبود.[9]

به یاد می آورم، بیست سال پیش، زمانی که به خدمت سربازی مشغول بودم، برای مدتی مسئولیت رانندگی سرهنگی را در پادگان جِی به عهده داشتم؛ ماه رمضان بود و قرار شد تا یکی از درجه داران پادگان را به دستور رئیس دفتر به داخل شهر، برای انجام ماموریتی ببرم؛ طولی نکشید که پس از خروج از پادگان، از سرهنگی که در کنارم نشسته بود، پوزش خواستم و بیسکویتی را که در جیب داشتم به دهانم گذاشتم و شروع به خوردن کردم؛ پس از گذشت چند دقیقه، رو به سرهنگ کرده، از وی پرسیدم:

- شما میل دارید؟

سرهنگ نگاهی به من کرد و با کمی تامل که انگار به دنبال پاسخی مناسب می گردد به من گفت:

---

[8] R.C.Sproul

[9] Sproul, R. C. *The prayer of the Lord*. 2009: Reformation Trust Publishing. P6

- خیر، من روزه هستم!

چند دقیقه ای گذاشت و در حالی که من هنوز به آرامی از بیسکویت هایی که در جیب داشتم لذت می بردم، سرهنگ سیگاری از جیبش در آورد و در حین گیراندن آن به من گفت:

- روزه هستم، اما فقط سیگار می کشم.

لبخندی زدم و به خوردن بیسکویت های خوشمزه ام ادامه دادم؛ پس از چند لحظه، دستش را به سوی من دراز کرد و گفت:

- به من هم بده، ببینیم بابا.

البته جوان بودم و حکمت زیادی، خصوصاً در ماه رمضان به خرج نمی دادم؛ اما این داستان، تصویر کوچکی است از دنیای ریاکاری که در آن به زندگی مشغولیم. آن ریاکاری که به نظر می رسد نباید جایی در عبادات ما داشته باشد.

من و شما از این نمای دروغین خدا ترسی خسته شده ایم؛ از این ناراستی بیزاریم. مطمئنم که شاگردان مسیح هم از آن به تنگ آمده بودند و به همین خاطر نزد استاد خود رفته، گفتند: دعا کردن را به ما تعلیم نما.

در کنار دعای صادقانه و فروتنانه ای که مسیح بر آن اصرار ورزید، او به شاگردان - و به ما - گوش زد نمود که مانند امت ها تکرار باطل نکنیم.

ایمان مسیحی، باوری هوشمندانه است. *آنسلم*[10] یکی از پدران کلیسا به ما یادآور شد که ایمان مسیحی در پی فهم و درک است.[11]

عیسی در پاسخ به یک از فقها که از وی در مورد وارث بودن حیات جاودانی پرسیده بود، گفت:

> ...خداوند خدای خود را به تمام دل و تمام نفس و تمام توانایی و تمام فکر خود محبّت نما و همسایهٔ خود را مثل نفس خود. (ترجمهٔ قدیم لوقا۱۰: ۲۷)

مسیح ما را دعوت کرد که نه تنها خدا را به تمام دل، و نفس و توانایی خود محبت نماییم، بلکه این محبت باید فکر ما را نیز به کار گیرد؛ ایمان مسیحی، باوری است که تمامیت فکر ما را نیز به خود مشغول می گرداند؛ ایمان بی چون و چرا، ایمان ناآگاهانه نیست؛ باوری همراه با تعهد است اما تعهدی بدون خرد نیست؛ این هوشمندی و تامل، در دعاهای ما نیز جلوه می یابد، زمانی که خداوندگار خود را خطاب می کنیم و نیایشهای خود را به آسمان بلند می کنیم، ذهن و فکر ما نیز در این عبادت، درگیر و شریک است.

اعتراف می کنم که در این باره بسیار لغزیده ام؛ سالها دعای خداوند(ربانی) را چون امتها بدون اینکه به آن بیندیشم به بطالت، تکرار کردم؛ گمان کردم که به سبب زیاد گفتن مستجاب خواهد شد؛ مسیح از ما دعوت می کند که در باب این دعا تامل کنیم؛ او از ما نمی خواهد که این تنها دعایی باشد که به زبان بیاوریم، بلکه ما را راهنمایی می کند؛ او به ما نقشه ای داده، که با اندیشیدن به آن، راه خود را در این دنیای عجیب و شگفت انگیز پیدا کنیم. او دروازه ای

---

[10] Anselm
[11] Faith seeking understanding

را به روی ما باز کرده است تا به این سرزمین داخل شویم؛ نه اینکه در گوشه ای بنشینیم و به این دروازهٔ پر جلال خیره شویم، بلکه در این سرزمین بدویم و چون آهویی شاد در دشتهایش بجهیم. اجازه بدهید نسیم کلمات دعای خداوند(ربانی)، جان شما را از تیرگی مکررات، و خستگی ابهام بزداید و دل شما را خنک سازد.

بسیاری از کلیساها در مراسم عبادتی خود این دعای زیبا را با نواهای آسمانی می خوانند؛ اصوات سماوی که جان و روح آدمی را بلرزه در می آورد؛ من منتقد چنین عادات زیبایی نیستم اما چه خوب خواهد بود که تنها عادت نباشد و تفکر و تعمق در باب این دعا، محدود به جلسات نیایشی ما نگردد؛ این قرائتها باید به جهت بر انگیختن اندیشه و دل ما ادا گردند تا جان و روح و فکر ما را غرق در مناجات با پروردگار خود سازند.

این دعا کلیدی است به قلب پدر، که پسر وی به ما بخشیده است. به عبارتی دیگر عیسی مسیح، پسر خدا، به ما می گوید که به شما کلیدی می دهم، رازی را با شما در میان می گذارم، نصیحتی به شما می کنم، که اگر به آن گوش فرا دهید دعاهای شما باب دل پدرمان خواهد بود؛ آیا می خواهید پدر ندای شما را بشنود؟ اینگونه دعا کنید.

دعای خداوند(ربانی)، بینش عمیقی نسبت به مهمترین دلْ مشغولیت های عیسی است، یعنی با پدر صحبت کردن.[12]

من مایل هستم به این نجوای آسمانی گوش دهم و در این مصاحبت قدسی داخل گردم و خدا را پدر خود خوانده، با مسیح هم صدا گردم؛ چه مکتبی بهتر از سخنان استاد و خداوندمان عیسی.

---

[12] Hahn, Scott . *Understanding Our Father*. 2002: Emmaus RoadPublishing. p.4

باید به پای تعالیم وی نشست. مقدسان و الهیون در باب دعا صحبتهای بسیار کرده اند و تجربیات شخصی خود را از عالم بالا با ما در میان گذشته اند، اما من گوهر ناب را می خواهم؛ آن کلیدی که روزنه های آسمان را می گشاید و گوش جان پدر را به صدایش می نوازد.

چشمانم سوی نگریستن به ژرفای قلب پدر را ندارد، باید دستان پسر را گرفت.

کتاب *پرسش، و پاسخ های شفاهی ایمان مسیحی* به زیبایی به این پرسش که خدا چگونه ما را در دعا هدایت می نماید، پاسخ می دهد. در این مجموعه آمده است:

> تمامی کلام خدا و خصوصاً دعای خداوند(ربانی)، یعنی همان دعایی که مسیح به شاگردان خود آموخت، ما را در دعا کردن هدایت می‌کند.[13]

زمانی که سلمانیِ *مارتین لوتر*،[14] *پیتر بسکندورف*[15] از وی خواهش کرد تا قدمهایی عملی برای دعاهای شخصی اش معرفی کند، مارتین لوتر در پاسخ به وی نوشت: من تا به امروز از دعای خداوند(ربانی) مانند یک کودک می نوشم؛ در عین حال نیز مانند یک

---

[13] کتاب پرسش و پاسخ‌های شفاهی ایمان مسیحی: پرسش ۹۹
(مطابق با پرسش و پاسخهای معمول در کلیساهای اصلاح شده و شورایی)
مترجم: کشیش فریبرز خندانی

[14] Martin Luther

[15] Peter Beskendorf

پیرمرد از آن می خورم؛ از آن سیر نمی شوم. این برای من بهترین دعاست.[16]

مسیح هم درد و نیاز ما را می داند و هم از خواست و ارادهٔ پدر آسمانی واقف است؛ چه متوسطی بهتر از پسر که استاد دعای ما گردد؟ در این نقشهٔ زیبا که آسمان را به زمین پیوند می دهد، همهٔ راه ها نشانه گذاری شده است. مسیح در این دعا ما را به ستایش و شکرگزاری دعوت می کند؛ او به ما می آموزد تا در صداقت به حضور خدایی که نهان بین است اعتراف کنیم و از درخواست کمک جهت رفع نیازهای خویش خودداری نکنیم. مسیح به ما می آموزد تا به شفاعت پرداخته، طالب برقرار پادشاهی خدا باشیم.

عیسی به ما یاد می دهد تا مطابق ارادهٔ پدر دعا کنیم.

> این است اطمینانی که در حضور او داریم که هرگاه چیزی بر طبق اراده وی درخواست کنیم، ما را می شنود. (هزارهٔ نو اول یوحنا ۵: ۱۴)

دعا یک معجزه است و هر چه زودتر این واقعیت را درک کنیم، همان قدر سریعتر چهرهٔ خسته کنندهٔ دعا و سنگینی قانون مذهبی که به آن آویخته ایم، پَر کشیده، تبدیل به سفری مهیج می گردد که زندگی ما و کسانی را که برایشان دعا می کنیم عوض می کند.[17]

حقیقت امر این است که دعا کردن برای بسیاری از ما کار دشواری است؛ وظیفه ای ثقیل که چندان به انجام آن راغب نیستیم. معمولا دعا، آخرین قدم است، آخرین چاره ای که به آن روی می آوریم. دعا

---

[16] Doberstein, John W. *Minister's Prayer book*. 1959: Fortress. p445-46

[17] Wiersbe, Warren W. *On Earth as it is in heaven: How the Lord's prayer teaches us to pray more effectively*. 2010: BakerBooks. p11

گاهی اوقات، و شاید باید صادق بود و گفت که بسیاری وقتها، شمارهٔ اورژانسی است که برای دسترسی به مدد الهی استفاده می کنیم؛ برای بسیاری دعا، آن آب و خوراک روزانه ای که باید به آن زیست کنیم نیست؛ آن عشق ورزی عابد به معبود نیست؛ بلکه به مثابه جنگ و کلنجاری روحانی است.

در صفحات بعدی، بر این دعای زیبا تامل خواهم کرد؛ آن را بررسی کرده، سعی خواهم کرد تا بلکه به آنچه در ذهن مسیح دربارهٔ این دعا می گذشته، قدری نزدیک شوم.

اما پیش از اینکه در این سفر روحانی پیش برویم، مایل هستم توجه شما را به ریشه های یهودی این دعا - چه از نظر صنعت ادبی آن و چه مفهوم پادشاهی خدا و عدالت جهانی که زیربنای ملکوت یهوه و نهفته در این دعاست - جلب کنم.

یکی از ویژگی های منحصر بفرد این نیایش، همسانی و تقارن جملات و مفاهیمی است که در آن یافت می شود؛

و قرضهای ما را ببخش   چنانکه ما نیز قرضداران خود را می‌بخشیم.

ما را در آزمایش میاور،   بلکه از شریر ما را رهایی ده.

(ترجمهٔ قدیم)

این آرایه و صنعتی کتاب مقدسی است که در نوشته های عهد عتیق، به ویژه مزامیر مشاهده می کنیم؛ مثلا زیرا خداوند طریق عادلان را می‌داند، ولی طریق گناهکاران هلاک خواهد شد. (ترجمهٔ قدیم مزمور ۱: ۶)

ساختار شعر گونه و ادبی این دعا، که البته بسیار الهام بخش است - و ای کاش دعاهای ما که نزد خدای خالق به آسمان می رود، این

چنین خلاقانه باشد - مفاهیم زیبایی را به ذهن ما متبادر می کند؛ این همسانی و تقارن، نه تنها در جملات این دعا یافت می شود، بلکه عیسی مسیح، پادشاهی خدا، و نام و ارادهٔ وی را در مقابل گرسنگی ها، گناهان و شرارت هایی قرار می دهد که در این دعا وجود دارد. سقوط و انحطاط اخلاقی، اجتماعی و اقتصادی که مردم با آن دست و پنجه نرم می کنند، ریشه در غیبت حضرت اعلی از خلقت خویش است. خدا نیست، پس گرسنگی هست؛ خدا نیست پس، شرارت بیداد می کند؛ خدا نیست، پس همهٔ ما در منجلاب گناه غرق شده ایم.[18]

به یاد می آورم سال گذشته وقتی در یکی از جلسات عبادتی کلیسایی شرکت کرده بودم، در زمان اعلانات، کتابی را معرفی کردند که مجموعه دعاهای شبان کلیسا بود که در طی سالها ادا گشته بود. مطمئن هستم بسیاری، از آن دعاها و بینش و عشق عمیقی که آن شخص نسبت به خدا داشت بهره بردند؛ من هم مایل هستم در صفحات آتی، دعای شبانی را با شما قرائت کرده، در باب معنای آن با شما بیندیشم. این دعا از زبان آن قدوس، یعنی شبان اعظم، خداوند و نجات دهندهٔ ما، عیسی مسیح جاری شد؛ دعایی که کلید درک رازهای سماوی و رمز ورود به دل پدر اوست؛ پدری که به واسطهٔ پسرش، والد ما نیز گشته است.

دعای خداوند(ربانی)، دعوت به اعتراف این حقیقت است که نیاز اصلی همهٔ ما، پدر و ملکوتش است؛ آنچه به آن احتیاج داریم، اصلاحات اجتماعی، انقلابهای سیاسی و ایجاد حزب های گوناگون نیست؛ مشکل بسیار ریشه ای است؛ نیاز حقیقی انسان انقلاب روحانی است، نیاز من و شما عدالت الهی است. عدالتی که کتاب

---

[18] البته باید توجه شود که وقتی گفته می شود مثلا خدا از خلقت خود غایب است، منظور این است که حضور دگرگون کنندهٔ او را در حیات انسانها نمی یابیم؛ و نه اینکه خدا به لحاظ الهیاتی و از باب خدا بودن، در خلقت و هستی حاضر نباشد.

مقدس از آن صحبت می کند تنها جنبهٔ کیفری ندارد؛ منظور این است که عدالت یهوه، تنها فریاد دادخواهی نیست. انبیا و مقدسین عهد عتیق، تنها داد مجازات و تنبیه را بسر نمی دادند بلکه آنچه کتاب مقدس از عدالت الهی به ما می آموزد، بُعد توزیعی نیز دارد؛ زمانی که پادشاهی یهوه، حاضر گردد، زمانی که ملکوت عادلانهٔ او برقرار شود، نیازمندان سیر خواهند شد و اشکهای دردمندان پاک گشته، تلها هموار و پستی ها پُر خواهند شد و مساوات، قانون زندگی می شود؛ در این خصوص بیشتر خواهم گفت.

بسیاری در تاریخ کلیسا این دعای کهن و مقدس را، مملو از گوهرهای آسمانی دانسته اند که کرانهٔ ارزش آن بی انتهاست. این دعا خدایی است؛ از زبان خدا به گوش خدا ادا گشته است.

از شما دعوت می کنم که به همراه من، به این نجوای آسمانی گوش فرا دهید و خود را به این امواج عاشقانه ای که از زبان سرور ما مسیح، جاری می شود، بسپارید.[19]

---

[19]برای بررسی و تامل بر این دعا، من جایْ جایْ از هر سه ترجمهٔ مشهور و در دسترس فارسی زبانان یعنی: ترجمهٔ قدیم، مژده برای عصر جدید، و هزارهٔ نو استفاده کرده ام.

فصل اول

ای پدر ما که در آسمانی

پدر

یکی از چیزهایی که مسیحیت را در مقایسه با ادیان دیگر بی همتا ساخته، نحوهٔ خطاب کردن خدا در دعاهای مسیحیان است؛ ایمانداران به مسیح، خدا را پدر خود خطاب می کنند؛ هر چه این موضوع برای جامعهٔ بیرون از کلیسا، گاه عجیب و غریب می نماید، همانقدر هم این نیایش برای مسیحیان چنان عادی شده که شاید کمتر کسی به معنایی که پس این لقب نهفته است می اندیشد.

وقتی مسیح به ما آموخت تا خدا را پدر خطاب کنیم، چه منظوری داشت؟

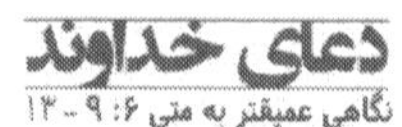

به یاد می آورم، سالها پیش، زمانی که در خدمت مشاورهٔ کلیسایی بودم، یکی از اعضا در جلسهٔ مشاوره به من گفت:

- من نمی توانم خدا را پدر بخوانم!

در کمال تعجب از وی دلیل این مشکل را پرسیدم و او به من پاسخ داد:

- به این خاطر نمی توانم خدا را پدر خطاب کنم چون تصویر خوبی از پدر خود ندارم؛ من از پدرم متنفرم، حال چطور می توانم باور کنم که خدا هم پدر است.

هر یک از ما تجربه ای متفاوت از پدران زمینی خود داریم و این تجربه را در رابطهٔ خودمان با خدا منعکس کرده، خصوصیات و ویژگی های پدرمان را تا حدی با این خدا یکی می دانیم. شاید من و شما چنین مشکلی را نداشته باشیم؛ شاید پدران ما، اشخاص خوبی بودند و تنها چیزی که از آنها به یاد می آوریم مهربانی، رسیدگی، و توجه بوده است؛ اما بسیاری از ایمانداران از خانواده های شکسته، و روابط دردناک به آغوش مسیح می آیند و این تجربه تلخ را وارد این رابطه روحانی می کنند. در ماه ژوئن سال ۱۹۹۶م، مجلهٔ نیوز وییک مقاله ای را به چاپ رساند که در آن به پدر بودن خدا می پرداخت، نویسنده می گفت:

> پدر بودن این روزها دشوار است؛ رسانه ها پر است از داستان های پدرانی که بی کار هستند و سوء استفاده می کنند و فرزندانی که پدر ندارند... این روزها، پدران، حرمت کمی دریافت می کنند و کافی است که به بزرگترین نمونهٔ پدرها نگاه کنیم، یعنی خدا[1]

---

[1] Kenneth L. Woodward, "Hallowed be Thy name," Newsweek (June 17, 1996), 75

چالشهای اجتماعی و ناهنجاریهای خانوادگی، بسیاری را واداشته است تا تصویر پدران زمینی را بر خدا منعکس سازند و از سویی دیگر، جمعی برآن شده اند تا تعابیر و شناختی تازه ارائه دهند، چنانکه از این نمونه های ناقص انسانی متاثر نشده باشد. کتاب *کلبه*[2] نمونه ای از این تعابیر نو بود که زمانی یکی از پرفروشترین کتابهای مسیحی شد؛ کتابی که در آن خدا در قالب زنی سیاه پوست ترسیم شده است تا پیشنهاد مادر خواندن خدا مطرح گردد. چنین برداشتها و تعابیری البته به نظر می رسد که بیشتر بیانگر نوعی پریشانی در فهم شخصیتی است که در پس واژهٔ خدایی که پدر می باشد نهفته است؛ یعنی آنچه که برای ما در دعای خداوند(ربانی) نگاشته شده است.[3]

مَری لوو ردینگ، در کتاب خود دعای خداوند(ربانی) می گوید: برای اینکه بتوانیم با خدا وارد رابطه شویم، می توانیم خدا را هر چه که می خواهیم بخوانیم و عیسی بدون شک آن را تایید می کند.[4] و البته او تشویق می کند که اشخاصی مانند نویسنده که پدر خوبی نداشته اند، محبت فداکارانه را تنها در پس واژهٔ مادر ببینند و به همین جهت، مادر خواندن خدا، از نظر وی اشکالی ندارد.

با وجود این نمونهٔ ناقصی که از مفهوم پدر بودن روی زمین داریم، چگونه می توانیم پدر بودن خدا را بفهمیم؟ این لقب نشانگر چه ویژگی هایی است؟ منظور مسیح از اینکه گفت، خدا را پدر خطاب کنیم چه بود؟ چرا اصلا باید از یک لقب انسانی برای خدا استفاده کرد؟ آیا بهتر نبود که از القاب و نامهای روحانی و غیر زمینی مانند روح، خالق و یا خدا استفاده می کردیم؟ و یا اگر قرار است که از یک نمونهٔ زمینی برای خواندن خدا بهره می بردیم، چرا از واژهٔ مادر استفاده نکنیم؟

---

[2] Young, William P. *The Shack*. July 2007: Windblown Media.
[3] www.jorymicah.com
[4] Redding, Mary Lou. *The Lord's Prayer*. 2011: Upper Room Books. p23

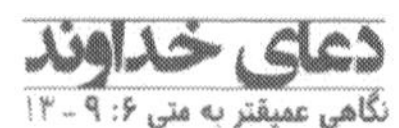

عصر حاضر با پیشرفتها و روشنگری هایی که برای ما به ارمغان آورده، ساختار فکر و ذهن ما را تغییر داده است و این تغییر آنقدر ژرف است که ناخواسته انسان قرن بیست و یکم را در دنیایی کاملا متفاوت از نویسندگان کتب عهد جدید و یا خود عیسی قرار می دهد؛ برای انسان مدرن که با عینیت ها سر و کار دارد، دنیای استعاره و تشبیه تنها در فضای شعر مقبول است و زمانی که صحبت از خدا و مافوق الطبیعه می کنیم، الفاظ ما فلسفی شده، واژه های ما رنگ و بوی شعر و استعاره ای خود را از دست می دهند.

شاید بخشی از چنین الگوی گفتاری و تفکری را از فلسفهٔ یونان به ارث برده ایم؛ منظری که تنها واژگان انتزاعی و فلسفی را شایستهٔ خدای فراباشنده می داند. خدا را چنان در قالب های فلسفی و ساختارهای خشک الهیاتی خویش محبوس می کنیم که نثر زیبای کتاب مقدس که مملو از تشبیهات زمینی است برای ما غریب می نماید؛ گویی استعمال این تشبیهات تنها در قرائت کلام جایز است و هرگاه به بحث ها و گفتگوهای خداشناسی می پردازیم، باید چون فلاسفه لب به کلام بگشاییم.

با چنین عینک هایی به کتب مقدس نگریستن، خطوط را مُعوج می نماید. بنابراین باید طرحی نو درانداخت و با نگاهی نو به خدا نگریست و معنای این واژه را آنگونه که از یک نظرگاه، در ذهن خداست و در کتب مقدس و داستان فدیه برملا گشته، درک نمود.

به قول سهراب سپهری:

چشمها را باید شست، جور دیگر باید دید

"صدای پای آب"

اما اجازه دهید پیش از پاسخ به این پرسشها، به چند نکته بپردازیم؛

آیا این دعایی یهودی است؟

برخی از مسیحیان معتقد هستند که دعای خداوند(ربانی) یک دعای یهودی است و نه یک دعای مسیحی که برای ایمانداران عهد جدید تجویز شده باشد؛ آنها می گویند که مسیح، پیش از اینکه روی صلیب فدا شود، این ساختار دعا را به شاگردان آموخت، و افزون بر این، این دعا با نام عیسی مسیح مهر نشده است، بنابراین نمی تواند به عنوان یک الگوی مناسب برای ایمانداران عهد جدید استفاده گردد.

اما حقیقت امر این است که این یک دعای مسیحی است و جز مسیحیان نمی توانند چنین دعایی را بکنند.

پولس به نکته ای بسیار جالب اشاره می کند. او می گوید: ...روح نیز ضعف ما را مدد می‌کند، زیرا که آنچه دعا کنیم بطوری که می‌باید نمی‌دانیم... (ترجمهٔ قدیم رومیان ۸: ۲۶)؛ پولس به ما می گوید که ما نمی دانیم چگونه دعا کنیم (شایسته است، توجه داشته باشیم، حرفی که در این خصوص در آیه آمده است یعنی (Tί)، در یونانی هم معنای "چه" از آن قابل برداشت است و هم "چگونه"؛ پس بر این اساس، به نظر من، او نمی گوید که چه دعا کنیم بلکه چگونه) و سپس به این مشکل پاسخ می دهد و می گوید: ...خود روح برای ما شفاعت می‌کند به ناله‌هایی که نمی‌شود بیان کرد. (۲۶)

چون ما به هر طرزی دعا کنیم همواره به دلیل کاستی های انسانی مان در معرض تقلیل عظمت خدا هستیم، پس شایسته تر آن است که روح خدا، که در قلوب مومنین ساکن است، به ما این توانایی را ببخشد تا به بتوانیم به مناجات خود ادامه دهیم و همین روح، یعنی روح عیسی، به ما این توانایی را می بخشد تا خدا را پدر خطاب کنیم.

...به آن ابّا، یعنی ای پدر ندا می‌کنیم. (۱۵)

روح القدس ما را توانا می سازد تا خدا را ابّا بخوانیم، لقبی که تنها کسانی می توانند به طور حقیقی به زبان آورند که زندگی شان در ارتباط با روح القدس باشد. پولس به ما اطمینان می دهد که ما به قدرت روح خدا، در این رابطه زیست می کنیم: از آنرو که روح بندگی را نیافته‌اید تا باز ترسان شوید بلکه روح پسر خواندگی را یافته‌اید... (۱۵)

این دعا، نیایش یک فرزند خداست که به پدر آسمانی خود ندا در می دهد.

امروزه در برخی ادیان دیگر نیز خدا به عنوان پدر مخلوقات خوانده می شود و حتی در گذشته، در بین باورهایی که در میان تمدنهای کهن خاور نزدیک رواج داشت مردم، اقوام و خانواده های خود را فرزندان و زادهٔ خدا می دانستند که هم اشاره به اقتدار و حاکمیت بی همتای وی داشت و هم نشانی از طبیعت "مادر گونهٔ" خدا بود؛[5] کتب عهد عتیق نیز بارها از خدا به عنوان پدر در مقام خالق یاد کرده، از توجه و محبت خاص وی به مخلوقاتش صحبت می کند؛ اما با این وجود، مفهومی که در این لقب در اکثر کتابهای عهد عتیق دیده می شود در قیاس با نوشته های باستانی تمدنهای کهن خاور نزدیک متفاوت است.

یکی از تفاوتهای عمده، عدم حضور الهه سازی در کتاب مقدس است؛ مبحثی که ادیان باستان به کرات از آن صحبت می کنند؛ افزون بر این، کتاب مقدس از رابطهٔ ویژه و منحصر بفرد قوم یهود با خدا صحبتهای بسیاری دارد. اساساً اشاراتی که به پدر بودن خدا در

---

[5] Jeremias, Joachim . *The Prayers of Jesus* . 1977 : SCM Press LTD. p13

عهد عتیق یافت می شود، اشاره به کار نجات بخش یهوه است که قوم اسرائیل آن را تجربه نمود.

بررسی دو مفهوم

جوهاکیم *جرمایاز* الهیات دان آلمانی، در کتاب خود، *دعاهای عیسی* می گوید که به استثناء چند مورد، هر گاه در مورد پدر بودن خدا (در عهد عتیق) صحبت شده، تنها به دو مفهوم اشاره داشته است؛

نخست اینکه، پدر بودن خدا، تاکید و یادآوری برای قوم یهود به جهت تعهد آنها به اجرای شریعت الهی و اطاعت از خدا بوده است؛

مفهوم دوم نیز در این خصوص است که خدا نیازهای قوم را بر طرف می سازد. او می گوید؛ پدر بودن خدا در یهودیت، به رابطۀ انفرادی و روحانی ایماندار با خدا اشاره نمی کند بلکه منظور مشارکت اجتماعی قوم یهود با خداست، و جالب اینجاست که قدیمی ترین متن یهودی که خدا را به عنوان پدر در قالب یک رابطۀ انفرادی مورد خطاب قرار می دهد به قرن دهم پس از میلاد باز می گردد.[6]

احترام و ترس یهودیان برای خدا آنچنان عظیم بود که آنها هرگز نام یهوه را به زبان نمی آوردند و با واژگان جایگزین، خدا را خطاب می کردند. بله، ایشان از خدا به عنوان پدر یاد می کردند اما مقامی که برای این واژه قائل بودند، رابطۀ شخصی ایمانداران را توصیف نمی کرد. موسی به قوم گفت:

> ... آیا او پدر و مالك تو نیست؟ او تو را آفرید و استوار نمود.

کتب عهد عتیق، چهارده مرتبه خدا را پدر خطاب می کنند و مفسرین عهد عتیق معتقد هستند که در تمام این موارد، رابطۀ

---

[6] ibid 18, 19, 21

شخصی مد نظر نبوده است. با اینکه لقب پدر برای یهودیان غریب نمی نمود، اما کاربرد شخصی و فردی در دعاهای انفرادی به هیچ وجه رایج نبود. خدا پدر قوم یهود است اما هیچگاه، پدران قوم اسرائیل در دعاهای خود نگفتند: *ای پدر من!*

دو دیدگاه

دیدگاه اول:

جوهاکیم در مطالعات خود از دعاهای عیسی در همین کتاب می گوید که عیسی در تمام دعاهای خود، به استثناء یکی، خدا را پدر می خواند. او می گوید:

عیسی ۱۷۰ بار در اناجیل نام پدر را به زبان می آورد[7] و تنها زمانی که عیسی در دعای خود، خدا را پدر خطاب ننمود، زمانی بود که روی صلیب استغاثه نمود:

> ایلی ایلی لَما سَبَقْتِنی. یعنی الٰهی الٰهی مرا چرا ترک کردی. (ترجمهٔ قدیم متی ۲۷: ۴۶)

اما با این وجود، پیش از آخرین نفس خویش گفت:

> ...ای پدر به دستهای تو روح خود را می‌سپارم. (ترجمهٔ قدیم لوقا ۲۳: ۴۶)

اسپرول از زبان جوهاکیم می گوید که عیسی در مقام یک ربا و معلم، از سنت یهودی که در زمان وی حاکم بود (با پدر خطاب کردن خدا) فاصله می گیرد؛ و این انفکاکی ریشه ای بود.

---

[7] ibid 29

عیسی نخستین کسی بود که چنین واژه ای را برای خطاب کردن به خدا استفاده نمود: اَبّا. او در باغ جتسیمانی چنین دعا کرد: یا اَبّا پدر[8]

چنین دعایی، آموزه ای تازه بود. گمان می کنم که اگر یک یهودی متعصب چنین دعایی را از زبان شاگردان مسیح می شنید، از ایشان با چوب و چماق پذیرایی می کرد. نه تنها پسر خدا، وی را پدر خطاب کرد، بلکه کلام خدا می فرماید که او ما را نیز پسران و دختران خدا نموده است؛ آیا به یاد می آورید یوحنای رسول به ما چه گفت؟

... به همهٔ کسانی که او را پذیرفتند، این حق را داد، که فرزندان خدا شوند...(هزارهٔ نو یوحنا ۱: ۱۲)

همانطور که پیشتر هم اشاره کردم، پولس رسول صحبتهای یوحنای رسول را در رساله اش منعکس می سازد:

> ... شما ...روح پسر خواندگی را یافته اید که به واسطهٔ آن ندا در می دهیم: اَبّا، پدر. و روحْ خود با روح ما شهادت می دهد که ما فرزندان خداییم. (هزارهٔ نو رومیان ۸: ۱۵- ۱۶)

به همین خاطر این دعا را تنها کسانی می توانند و جایز است به زبان آورند که از روح خدا از نو مولود شده، وارد این خانوادهٔ زیبای الهی شده باشند. کلیسای اولیه و اسقفانی مانند *امبروز*[9] اهل میلان به کسی اجازه نمی دادند تا این دعا را به زبان آورد، مگر اینکه توبه کرده، برای بخشش گناهان تعمید آب گرفته باشد. بی ایمانان باید از این دعا، مانند شام خداوند (عشای ربانی) اجتناب

---

[8] ترجمهٔ قدیم مرقس ۱۴: ۳۶

[9] Ambrose

می نمودند و همینطور در کتاب *دیداخه* آمده است که از ایمانداران به مسیح خواسته می شد تا روزی سه مرتبه این را به زبان آورند.[10]

زمانی که به روح خدا از آسمان بار دیگر زاده شدیم، آن وقت می توانیم به جرأت خدا را پدر بخوانیم. پولس می گوید:

> امّا چونکه پسر هستید، خدا روح پسر خود را در دلهای شما فرستاد که ندا می‌کند، یا ابّا، یعنی، ای پدر. (ترجمۀ قدیم غلاطیان ۴: ۶)

هرگاه خدا را پدر می خوانیم باید به یاد داشته باشیم که اقانیم تثلیث در ایجاد این رابطه دخیل بوده اند؛ پدر از طریق پسرش، ما را فرزندان می سازد و روح القدس به ما این توانایی را می بخشد تا خدا را پدر خطاب کنیم. عیسی مسیح، ما را شریک این رابطۀ آسمانی می سازد. ندای آبّایی که در آسمان طنین افکن می شود انعکاس صدای مسیح است که در دعاهای مقدسین چون بخور به بالا می رود؛ مسیحیان به همراه برادر ارشد خود، پسر خدا، خدا را پدر می خوانند. پسر، خدا را پدر می خواند و ما پس از او، تکرار می کنیم: ای آبّا.

جوهاکیم جرمایاز می گوید که ابّا واژه ای است - به زبان آرامی، و گروهی هم فکر می کنند که می تواند عبری باشد - که یک کودک به پدر خود می گوید؛ واژه ای که بسیار غیررسمی و صمیمانه است و شاید اساساً شکل کودکانۀ پدر است که به زبان می آید (مانند بابا در زبان فارسی)؛ او پیشنهاد نمود که ما مسیحیان نیز باید به اینگونه با خدا صحبت کنیم؛ و این ایده ای بود که طولی نکشید که

---

[10]دیداخه ۸: ۳، چاپ پژوهشگاه علوم انسانی و مطالعات فرهنگی. پرتال جامع علوم انسانی. هفت آسمان شماره ۴۴.

بسیار محبوب گشت و واعظین، در موعظات خود از این مفهوم استقبال کردند.

پرسش صدم از کتابِ پرسش و پاسخ شفاهی ایمان مسیحی اینگونه می گوید:

پرسش: بخش نخست دعای ربانی به ما چه می‌آموزد؟

پاسخ**:** بخش نخست دعای ربانی (ای پدر ما که در آسمانی) به ما یاد می‌دهد که همانطور که کودکان به نزد پدر خود می‌روند، ما نیز با اطمینان کامل و در عین حال ترس آمیخته با احترام، به حضور خدای مقدس برویم، پدری که آمادهٔ کمک کردن به ماست؛ این قسمت همچنین به ما یاد می‌دهد که با دیگران و برای دیگران دعا کنیم.[11]

دنیای شکسته و لگام گسیختهٔ ما با مخدوش کردن تصویر زیبای پدر و تعویض دل پر از مهر و آغوش گرم پدرانه با فردی بی اعتنا و خشن که محبت پدرانهٔ خود را از فرزندانش دریغ کرده است، در واقع، عمق و زیبایی سماوی معنای واژهٔ پدر را از این کلمه ربوده است.

پدر آسمانی معرف پدر خاکی است؛ آنچه قدسی است، زمینی را جان می بخشد؛ از این منظر ، این پدر بودن خداست که باید الهام بخش پدران این دنیا باشد.

مسیح به ما می آموزد که به خدا چون پدر خود بنگریم؛ پدری که آمادهٔ کمک کردن است، پدری که مددهای فداکارانه اش را از ما باز نخواهد داشت؛ پدری که هرگاه از او ماهی خواهیم، مار و اگر نانی خواهیم، سنگ به ما نخواهد داد. پدری که در طوفانهای بی امان زندگی، می تواند در آغوش امنش، روح های پریشان ما را آرامی

---

[11]کتاب پرسش و پاسخ‌های شفاهی ایمان مسیحی: پرسش ۱۰۰
(مطابق با پرسش و پاسخهای معمول در کلیساهای اصلاح شده و شورایی)
مترجم: کشیش فریبرز خندانی

بخشد و جانهای به خطر افتادهٔ ما را از وادی سایهٔ موت برهاند. پدر یعنی عشق، پدر یعنی اطمینان، پدر یعنی فداکاری و ایثار؛ پدر یعنی برای فرزند زیستن، برای پسر و دختر خود اندیشیدن.

شاید آنچه مسیح از وصف پدر در ذهن داشت به توصیف و درک ما ایرانیان از این واژه بسیار نزدیکتر باشد تا فرهنگ فردگرای غربی که خانواده را مانعی در تبلور هویت های فردی می داند.

پدر، در فرهنگ شرقی ما از ارج و حرمت ویژه ای برخوردار است؛ مردی که چون عقاب بالهای خود را بر سر خانوادهٔ خویش گسترانده و چشمان تیز بین وی، هر حرکت دشمنی را که بر کمین نشسته، رصد می کند. پدری که حرف او حرف است و اقتدار او غیرقابل مواخذه. پدری که باید با احترام با او صحبت کرد و هرگاه به خانه می آید، به او با سلامهای گرم خانواده و بر پا خاستن کودکان حرمت داده می شود.

دل پدر نرم است و صدایش مقتدر؛ دستهایش نوازشگر و بازوانش توانا، لبخندش دل ربا و نگاهش تن را می لرزاند.

مسیح از ما دعوت می کند که این دریای ژرف خالق و مخلوق را به واسطه وی طی کنیم؛ این جدایی عالم برین از جهان فرودین به وساطت پسر وصل شده است.

دیدگاه دوم:

جیمز *بار* زبانشناس آکسفورد، در مقاله ای در مجلهٔ مطالعات الهیاتی نوشت که آبّا به معنای بابا، که شاید در محافل غیررسمی برای پدر استفاده می شود نیست؛ این عبارت منحصراً توسط کودکان استعمال نمی شد، بلکه فرزندانی که به سن بلوغ

می رسیدند نیز پدران خود را آبّا می خواندند. آبّا واژه ای بود که به همراه حرمت، مهرآمیز نیز بود.[12]

اگر دقت کنیم متوجه می شویم که در عهد جدید تنها سه بار[13] واژهٔ آرامی آبّا ذکر شده که بلافاصله نویسندگان، مترادف یونانی آن را نیز اضافه می کنند: پاطر[14]. مسلماً نویسندگان این رسالات به زبان یونانی تسلط داشتند و خوانندگان نامه های ایشان نیز یونانی زبان بودند و اگر این واژهٔ آبّا به معنای بابا بود، آنها از واژهٔ مناسب و مترادفی که این مفهوم را انتقال دهد استفاده می کردند.[15]

آنچه که جیمز بار مطرح می کند با نظر جوهاکیم همسو نیست؛ با اینکه مفهومی که جوهاکیم مطرح کرده است به مدت نیم قرن بسیار محبوبیت یافت، اما تعداد زیادی از مترجمین و ناشران کتاب مقدس، از این مفهوم استقبال نکردند و ترجیح دادند تا از واژهٔ پدر به جای بابا در کتاب مقدس انگلیسی (حتی فارسی) استفاده کنند.

او اضافه می کند که با اینکه واژنامهٔ الهیاتی *کیتل*، در مقالات خود به برخی از نقاطی که جرمایاز اشاره می کند، پرداخته، اما مسئولیت محبوب کردن چنین چشم اندازی از این واژه روی دوشهای جرمایاز است، زیرا که نظریهٔ او با تکرار، به شکل گسترده ای توسط دانش آموزان الهیات و واعظین استفاده شده است.

اما این نکته نیز قابل توجه است که در عبری مدرن، کودکان از این واژه به همان معنای بابا، بهره می گیرند.

چندی پیش که برای خدمت به کشور اسرائیل رفته بودم در مسیر بازگشت از یکی از بازدیدهای خود از دیوار نُدبه، پس از اینکه از

---

[12] James Barr, "Abba Isn't Daddy", Journal of Theological Studies, 39, (1988): 28-47

[13] مرقس ۱۴: ۳۶، رومیان ۸: ۱۵، غلاطیان ۴: ۶

[14] Pater - πατέρ

[15] واژّه مترادف بابا در یونانی pappas است (πάπας/πάππας)

ایستگاه بازرسی عبور کردم، واژه ای آشنا شنیدم. آبّا... آبّا! و زمانی که به دنبال صدا گشتم، پسر بچه ای را دیدم که پدر خود را به زبان عبری صدا می زد. واژه ای که عیسی برای خواندن خدا استفاده می کرد؛ اما در صورت آگاهی نداشتن در تغییر مفهوم و نحوهٔ استعمال این واژه در طی دو هزار سال، شاید بتوان به سادگی پذیرفت که عیسی هم خدای پدر را مانند کودکان، بابا صدا می زد.

البته باید توجه داشت، با اینکه بعدها، جوهاکیم، تئوری خود را پس گرفت و بسیاری از زبان شناسان و پژوهشگران نظریهٔ وی را رد کردند، صمیمیت و نزدیکی رابطهٔ خدا از دعاهای مسیح پَر نمی کشد. واژهٔ پدر، حتی اگر به معنایی که کودکان در ذهن دارند نباشد، اما باز نشان دهندهٔ نزدیکی و اشاره به رابطه ای منحصر بفرد است.

درست است که واژهٔ آبّا در زمان مسیح، توسط فرزندان بالغ نیز برای پدران خود بکار می رفت و این واژه لقبی بود آمیخته با احترام و حرمت، اما خودْ گویای رابطهٔ پدر و فرزندی بود که تنها بین دو نفر می توانست وجود داشته باشد: پدر و فرزند.

فروباشندگی

یکی از حقایق شگفت انگیزی که کتاب مقدس در خصوص خدا به ما می آموزد، جنبه ای از هستی الهی است که ارتباط با خدا را ممکن می سازد؛ کتاب مقدس از واژهٔ نزدیک برای توصیف این حقیقت بهره می گیرد؛ خدا نزدیک است. بین ما (فرزندان) و خدا فاصله ای نیست؛ خدا در دسترس است و می توان با او وارد گفتگو شد. الهیات مسیحی این مفهوم زیبا را با واژهٔ فروباشندگی تعریف می کند؛ خدایی که باشندهٔ مطلق است، خدایی که ورای هستی است، در بین خلقت خود نیز می خرامد.

خداوند نزدیک است به آنانیکه او را می‌خوانند، به آنانیکه او را به راستی می‌خوانند. (ترجمهٔ قدیم مزمور ۱۴۵: ۱۸)

چنین تصویری از خدا، جان را آزاد می کند و بال پرواز به ما می بخشد؛ در ادیان دیگر، چون اسلام، خدا در دور دستهاست؛ خدا فراباشنده است. باید این خدا را دعا کرد و عبادت نمود، این دستور است و باید اجرا گردد. شریعت صادر شده، و عابد در تسلیم معبود است. در اسلام، پدر خواندن خدا به نظر، جایز نمی رسد[16]. او نزدیک است، حتی نزدیکتر از رگ گردن، اما این قرابت، دال بر صمیمیت نیست بلکه نشانی از آگاهی پروردگار از اعمال بشر است. او نزدیکتر از رگ گردن من و شماست تا کارهای ما را از نزدیک بنگرد.[17]

حتی در یهودیت با اینکه خدا متعال و مهیب است، فروباشنده نیز می باشد، اما مفهوم نزدیکی خدا به انسان در قالب دعای مسیح، یک اِنقلاب بود؛ ترس و احترام یهودیان آنقدر بود که ایشان نام خدا را (یهوه) به زبان نمی آوردند و از القاب جایگزینی مانند ادونای و حاشم (به معنای – نام) برای خطاب کردن به خدا استفاده می کردند.

کتب عهد عتیق، روایات ورود خدا به تاریخ و ارتباط نزدیک با انسان ها را ثبت کرده است اما مشارکت نزدیکی که در آن ترس و هراس غایب باشد، جایی ندارد. خدا گفته بود: نام یهوه، خدای خود را به باطل مبر، زیرا خداوند کسی را که اسم او را به باطل بَرَد، بی‌گناه

---

[16]مثلا حدیثی نقل شده است که "الخلق کلهم عیال الله..."؛ یعنی مردم همگی خانوادهٔ خدا هستند؛ برخی مسلمانان ممکن است از این حدیث استفاده کنند و بگویند که مردمان فرزندان خدا هستند(ر.ک پایگاه اینترنتی شیخ محمد صالح المنجد، حکم إطلاق لفظة نحن أبناء الله پرسش و پاسخ شمارهٔ 26728)؛ اما باید در نظر داشت که این حدیث از منظر حدیث شناسی شدیدا ضعیف دانسته شده است و اصلا قابل استناد نیست؛ ر.ک کتابِ "صحیح و ضعیف الجامع الصغیر، محمد ناصر الدین الألباني، حدیث رقم 6691.

[17]قرآن: « وَ لَقَد خَلَقنا الانسانَ وَ نَعلَمُ ما تُوَسوسُ به نَفسه وَ نَحنُ اَقرَبُ الیه مِن حَبل الوَرید (ق/ 16) » ما آدمی را آفریده ایم و از وسوسه های نفس او آگاه هستیم؛ زیرا از رگ گردنش به او نزدیک تریم. ترجمهٔ آیتی

نخواهد شمرد (ترجمهٔ قدیم خروج ۲۰: ۷) و تخطی از حکم خدا، جزایی عظیم داشت.

در چنین چهارچوبی، عیسی، خدا را پدر می خواند و از شاگردان خود می خواهد تا در چنین مشارکتی - تازه و صمیمی - وارد گردند.

اجازه بدهید پیش از اینکه به بخش دیگری از بررسی مفهوم واژهٔ پدر بپردازم به نکته ای واضح اما مهم اشاره کنم؛ دعا برای اکثر قریب به اتفاق ما، پیش از ایمان آوردن و در بسیاری از موارد پس از اینکه وارد خانوادهٔ الهی می شویم، فعالیتی است که در موقع نیاز و موارد اضطراری به آن پرداخته می شود؛ لحظات پیش از امتحان، زمانی که خبر بیماری لاعلاجی را می شنویم، هنگامی که قرار است ضرر و خسرانی را متحمل گردیم و خلاصه در زمان تنگی و رنج، نخستین چیزی که به یادمان می آید و به آن وقتی را اختصاص می دهیم، دعا کردن است. دعا، آن شمارهٔ اورژانسی است که مدتها در کلیسا به ما تعلیم داده اند که خدا به این درخواستهای نابهنگام، بلافاصله پاسخ می دهد. اگر تصویری که از خدا در ذهن خود داریم، موجودی مافوق الطبیعه و ماورای هستی، یعنی همان خالق آسمان و زمین باشد، یا مدیر جهان که بر تخت سلطنت خود جلوس نموده، امور این دنیا را اداره می کند، البته نمی توان انتظاری بیش از این هم از خودمان داشته باشیم؛ درواقع، مفهومی که از پس واژهٔ خدا به او اطلاق کرده ایم و تعریفی که از او در ذهن خویش شکل داده ایم، رابطهٔ ما با وی را نیز جهت خواهد بخشید.

عنوان پدر، چنین قالبهای فکری را در هم می شکند و خدای نامفهوم و بی احساس را که در ذهن خویش پرورانده ایم، به موجودی مقتدر و حاکم تبدیل می کند که اگر چه قادر مطلق است اما بی وقفه و بی اندازه ما را محبت می کند و مایل است تا با ما وارد مصاحبت گردد. پدر، وجودی را به ما می شناساند که دارای شخصیت است؛ شخصیتی که تمایل به مشارکت دارد؛ و این

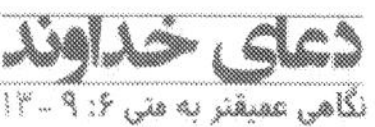

نگرش، مفهوم دعا را دگرگون می سازد. دعا از یک درخواست اضطراری و از استغاثه و ناله ای که تنها در تنگی ها بلند کرده می شود به رابطه و مصاحبتی قدسی تبدیل می گردد که مملو از مهر است.

رهانندگی

اجازه بدهید به معنای دیگر واژهٔ پدر نیز نگاهی بیندازیم؛ به مفهومی که به نظر من، والاتر و مهمتر از هر تعبیر و تفسیر دیگر است. گمان می کنم که هر گاه خدا را پدر خطاب می کنیم، باید نخست به مفهومی بیندیشیم که نویسندهٔ کتاب خروج از استعمال این واژه در ذهن داشت؛

> به فرعون بگو که خداوند چنین می گوید: اسرائیل، پسر من و نخست زادهٔ من است. و به تو می گویم پسرم را رها کن تا مرا عبادت نماید، و اگر از رها کردنش اِبا نمایی، همانا پسر تو، یعنی نخست زادهٔ تو را می کشم. (ترجمهٔ قدیم خروج ۴: ۲۲ـ ۲۳)

زمانی که قوم اسرائیل، برده هایی که زیر دست فرعون اسیر هستند، خدا را پدر می خوانند، این ندا و استغاثه مملو از امید رهایی است. یهوه، خدای اسرائیل، رهانندهٔ بردگانی است که زیر شلاقهای فرعون، مظلوم واقع شده اند. یهوه به مدد قوم خود آمده تا آنها را از زیر مشقت های مصریان بیرون آورد.

وقتی عیسی به شاگردان خود می گوید که خدا را پدر بخوانید، شاگردان یهودی وی که با کتب عهد عتیق و مهمترین داستان کلام خدا، یعنی داستان خروج آشنا بودند، می دانستند که مفهوم پدری یهوه از روایت خروج جدا ناشدنی است. زمانی که از شاگردان خواسته می شود تا بار دیگر یهوه را پدر بخوانند، منظور، خروجی

دیگر است. منظور رهایی است.[18] انتظارها بسر آمده است و خدا ملکوت خود را از طریق مسیح خویش برپا خواهد نمود؛ ادای نام پدر، ندای آزادی است. نوید گسستن زنجیرهاست؛ آن رهایی که به داستان اسارتی دیگر ختم نمی شود. اگر پسر شما را آزاد کند، در حقیقت آزاد خواهید بود.[19] داستان خروج اسرائیل از مصر، با روایات اسارتهای دیگری به پایان می رسد. این چرخهٔ آزادی و بندگی، بارها در تاریخ قوم اسرائیل تکرار می گردد؛ اما این بار عیسی از اسارتی دیگر و رستگاری دیگری صحبت می کند. قوم اسرائیل اسیر است، اما اسارت او با پایمال شدن زیر پوتینهای سربازان رومی که این سرزمین را اشغال کرده اند تعریف نمی گردد. قوم اسرائیل باید از بندهای خود رها شود، اما این آزادی، به وسیلهٔ انقلاب سیاسی و شورش ضد نظام به دست نخواهد آمد.

بله، مسیح پادشاه موعود ظهور خواهد کرد - که البته ظهور نیز کرده است - اما او یک شورشی نیست که ساختار استبداد را به زور شمشیر براندازی کرده باشد بلکه آنچه او به ارمغان خواهد آورد از جنسی دیگر است. او البته انقلاب خواهد کرد، اما انقلاب وی روحانی است؛ آن پادشاهی که او بر قرار خواهد نمود، از دلهای مومنین برخواهد خاست.

این وعده ای است که دلهای مومنین عهد عتیق را برای قرنها گرم نگاه داشته بود و این دعوتی است که عیسی از شاگردان می کند که در دعاهای خود تحقق این وعده را بیاد آورند. مسیح آمده است و عمل رهایی بخش وی نه تنها برای قوم یهود بلکه به جهت امتها نیز به کمال خواهد رسید.

حقیقت امر این است که قوم اسرائیل هنوز خود را در تبعید و بندگی می دید؛ هر چند از بابل و آشور برگشته بودند اما در سرزمین

---

[18] Wright, N. T. *The Lord and His Prayer*. WM. B. EERDMANS, 1996. p15

[19] ترجمهٔ قدیم یوحنا ۸: ۳۶

خویش به اسارت رفته بودند. حتی یهودیان امروز نیز بر این باورند که تا زمانی که امتها، دست از اسرائیل بر نداشته اند و معبد به شکل کامل بازیافت نشده است، تبعید ادامه دارد.

این آزادی، این بازگشت از تبعید، این خروج، زمانی اتفاق خواهد افتاد که مسیح بیاید. دکتر *ان. تی. رایت* می گوید که اولین کلمات این دعا، در حقیقت می گوید: باشد که اکنون مسیح بیاید... باشد که امروز، ما نجات یابیم.[20]

دعای مسیح، فراتر از معرفی یک رابطهٔ نزدیک و صمیمانه با خداست؛ مقصود مسیح از این دعا، تشویق شاگردان برای داشتن تجربهٔ عمیقتر روحانی در دعا نیست؛ آنچه مسیح از شاگردان می خواهد تا در دعا طلب کنند، درخواست رهایی است؛ درخواست برقراری ملکوتی است که در آن، رابطهٔ عمیق روحانی، آزادی از شریر، عدل و انصافی جهان شمول، به همراه طلبیدن نان روزانه و بخشش و آمرزش، همگی درهم تنیده شده اند. ملکوتی که با انقلاب صلیب آغاز شد؛ سلطنتی که با مرگ مسیح، پایه های استبدادی را که ضد خلقت خدا افراشته شده بود، لرزاند.

مسیح چون موسی برای رهایی قوم خود آمده بود اما این بار موسای زمان، نوید رستگاری را برای سایر قومها نیز آورده بود. زمان تبعید بسر آمده، دوران ضلالت و اسارت به پایان رسیده است؛ دم صبح است و خدا آمده!

هر گاه که می گوییم، ای پدر، باید به یاد آوریم که مسیح آمده است. پدر، پسر خود را فرستاده و یهوه، پادشاه خویش را به جهت آزادسازی مامور نموده است. این انقلاب شروع شده است و پایه های استبداد شریر و گناه ریخته، عدل و انصاف روئیده است.

---

[20] Ibid p 17

هر وقت خدا را خطاب می کنیم باید این رستگاری باشکوه را به یاد آوریم. به واسطهٔ گناه، مرگ آمد و مرگ دامنگیر همه شد؛[21] اما مسیح به ما حیات بخشید.[22]

پدر خواندن خدا، نه تنها اعلان کار نجات بخش خدا از طریق مسیح است بلکه انقلابی گشتن است. از این منظر، من و شما سربازان انقلاب هستیم؛ فدائیان حق! مسیح ما را خوانده تا خبر پیروزی انقلاب حق را به سایرین برسانیم. همانطور که مسیح خدا را پدر خواند و به جهت تحقق پادشاهی الهی، در سرسپردگی کامل، راه صلیب را به پیش گرفت، ما نیز خدا را پدر خوانده، سینه های خود را برای انقلابی که پسر شروع کرده، ستبر می کنیم. وقتی می گوییم: ابّا، یعنی لبیک ای خداوند، مرا [هم] بفرست.[23]

زمانی که اشعیای نبی، پادشاه آسمان و زمین را ملاقات نمود و حضور مقدس و پر جلال یهوه، درک و فهم محدود او را ارتقا داد، زمانی که بخشش الهی را تجربه نمود و دل پدرانهٔ یهوه را در افاضهٔ فیض دید، نه تنها غیرت یهوه، کیفیت زندگی وی را دگرگون کرده، اشتیاق به مقدس زندگی کردن و اطاعت خدا را در او ازدیاد نمود، بلکه غیرت پیام رسانی و خدمت وعظ تفقد الهی، او را وا داشت تا سخن گوی خدا گردد.

---

[21]رومیان ۵: ۱۲
[22]رومیان ۵: ۱۸
[23]اشعیاء ۶: ۸

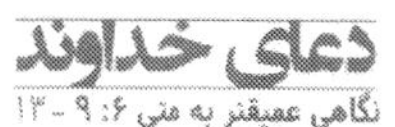

پدرِ ما

می خواهم در این بخش توجه شما را به شکل جمعی این دعا جلب کنم. ای پدر [ما]...

یکی از ضعف هایی که مسیحیان در طی تاریخ با آن دست و پنجه نرم کرده اند، جدا سازی ها و دسته بندی های بی مورد است؛ خطها و حریمهایی که «ما» را از «آنها» جدا می کند. کژدینان را به کناری می زنیم و حصاری بسیار ضخیم به دور خود و افرادی شبیه خود می کشیم؛ پاکسازی الهیاتی، عطایی است که بسیاری از ما به آن مجهز هستیم، اما نه به جهت بنا، بلکه به قصد تخریب.

اجازه دهید تا این را نیز بگویم تا سوءتفاهمی ایجاد نشود؛ من کژدینی و راست دینی را توهم نمی پندارم و به همین جهت در طی تاریخ، شوراهای بین الکیسایی تشکیل شدند تا باورمندان را از معلمین نادرست تشخیص دهیم. مارتین لوتر می گوید که وظیفهٔ الهیات این است تا حقیقت را تشخیص داده، از آن پاسبانی کند و البته چنین نیز باید کرد؛ اما منظور من از دسته بندی ها، فرقه سازی ها و عداوت های الهیاتی بی جاست؛ یعنی به جای اینکه تفاوتهای نگرشی الهیاتی، چشم اندازهای متنوع خداشناسی، ما را به وجد آورند تا از یکدیگر یاد گرفته، درک و فهم خود را از مکاشفهٔ الهی با گفتگوهای کتاب مقدسی عمق بخشیم، همدیگر را اناتیما می گوییم؛ به عوض اینکه تنوع را در اتحاد جشن بگیریم، ارتباط ها را قطع کرده، برادر و خواهر خود را از خود می رانیم. در حالیکه باید بیاد داشته باشیم که دلیل اتحاد ما با یکدیگر هماهنگی و هم نظری های الهیاتی نیست بلکه اساس و بنیاد یگانگی من و شما، پدر است. اگر خدا، پدر من و شماست، اگر در مسیح هستیم و بخشش گناهان را دریافت نموده ایم، در آن صورت من و شما برادر و خواهریم.

مسیح به ما می آموزد که هر گاه دعا می کنیم، این اتحاد را بیاد آوریم؛ ما اهل یک خانه هستیم. یک پدر داریم و مسیح، برادر ارشد ما است.

مسیح آمد تا أنانیّت ها را بردارد؛ مسیح آمد تا من و تو را ما گرداند.

اسرار ازل را نه تو دانی و نه من

وین حرف معما نه تو خوانی و نه من

هست از پس پرده گفتگوی من و تو

چون پرده در افتد نه تو مانی و نه من[24]

اگر هنوز در جنگ هویتی مشغولیم و به جای دفاع از ارزشهای این پادشاهی، به فکر وزارت خویش هستیم، شاید باید بیشتر توجیه شویم!

ایمان مسیحی، یک سیاحت انفرادی نیست؛ این سفر یک حرکت جمعی است؛ این کاروان، مسافرین بسیار دارد؛ من و شما گوسفندان یک گله هستیم؛ شاید به همین خاطر است که واژه هایی مانندِ "من، مال من و خودم" در این دعا غایب است. مسیح ما را خوانده تا پیوند خود را به این بدن (مسیح) بپذیریم و در هماهنگی و صلح با سایر اعضا رفتار کنیم. نه تنها در جهت صلح بکوشیم بلکه به نیازها و دردهای یکدیگر هم اندیشیده، در صدد رفع آنها کوشا باشیم.

پولس به ایمانداران فیلیپی یادآور می شود:

> هیچ یک از شما تنها به فکر خود نباشد، بلکه به دیگران نیز بیندیشد. (هزارهٔ نو فیلیپیان ۲: ۴)

---

[24] رباعی منسوب به عمر خیام یا ابوسعید ابوالخیر.

سعدی هم به ما می گوید:

بنی آدم اعضای یکدیگرند که در آفرینش ز یک گوهرند
چو عضوی به درد آورد روزگار دگر عضوها را نماند قرار
تو کز محنت دیگران بی غمی نشاید که نامت نهند آدمی[25]

دعای خداوند(ربانی) به ما یادآور می شود که درخواستهای ما خود محورانه نباشد و نیازها و طلب های دیگران را نیز در نیایش های خود، نزد حضور پر فیض پدر ببریم.

مارتین لوتر می گوید:

دعای خداوند (ربانی) افراد را به یکدیگر می بندد (نزدیک می کند) ایشان را به یکدیگر می تند، به طوری که یکی برای دیگری دعا می کند و همهٔ ما با هم به نیایش می پردازیم.[26]

این یک شدن است که دردهای من را دردهای شما می گرداند، این یک تن گردیدن است که تنهایی مرا انزوای تو می سازد و در این در هم تنیده شدن است که نیاز من نیاز شما می شود. اینجاست که خانواده معنای حقیقی خود را پیدا می کند؛ جامعه ای از نجات یافتگان و ایمانداران که در یک شخص و بخششی که او فراهم آورده است، وجودشان به هم گره می خورد. یک تن بودنی که نه تنها در آن می توانند برای یکدیگر و درخواستهای هم دعا کنند بلکه توانایی و آزادی و صمیمیتی را نیز تجربه کنند که آنها را قادر می سازد تا در اعتماد، به ضعف های خود اعتراف کرده حاجات خویش را نیز با هم در میان بگذارند.

---

[25] سعدی، گلستان، باب اول در سیرت پادشاهان: حکایت شمارهٔ ۱۰

[26] Luther, Martin . *The Table Talk of Martin Luther*. Translated by T. S. Kepler. New York: World Publishing, 1952. p209.

کلیسا چنین جایی است، و جماعت مسیحیان چنین خانواده ای است که دعای خداوند(ربانی) این زیبایی و کیفیت آسمانی را در واژگانی قدسی می سراید.

درد دل دوستی را بیاد می آورم که از تجربهٔ تلخ خود در هنگام دعای جمعی، با من صحبت می کرد؛ در یک گردهمایی که ایمانداران به ستایش و نیایش می پرداختند، رهبر گروه، از حُضار دعوت کرد تا در حضور خدا و یکدیگر به گناهان و قصورات خود اعتراف کرده، از خدا درخواست بخشش نموده، از برادران و خواهران خویش در مسیح تفقد طلبند. فرصت عبادت نیکویی که برای برخی تبدیل به کابوسی وحشتناک شد.

پس از اینکه برخی از جوانان به خطایا و اشتباهات گذشتهٔ خود در دعا اعتراف کردند، نام آنها در لیست سیاه برخی از عابدان وارد گشت و فرصت هرگونه مشارکت مسیحایی را از دست دادند.

دعای خداوند برای درهم شکستن چنین عادات بی رحمانه ای است که نیایشهای ما را مسموم کرده است؛ دعای خداوند آموختن این حقیقت است:

من اگر ما نشوم، تنهایم

تو اگر ما نشوی،

خویشتنی[27]

دعای خداوند(ربانی) می گوید که خدا نزدیک است، و شما هم نزدیک باشید. این دعایی است که نه تنها عیسی از ما می خواهد که هنگام نیایش به خاطر آوریم بلکه این دعایی است که خود نیز بعداً به نزد پدر بالا می برد:

---

[27] منظومهٔ آبی خاکستری سیاه(حمید مصدق)

> درخواست من تنها برای آنها نیست، بلکه همچنین برای کسانی است که به واسطهٔ پیام آنها به من ایمان خواهند آورد، تا همه یک باشند، همان گونه تو ای پدر در من هستی و من در تو... (هزارهٔ نو یوحنا ۱۷: ۲۰- ۲۱)

جهان شمولی

این دعای خانوادگی که عیسی به شاگردان خود تعلیم می دهد، بُعد دیگری هم دارد؛ نکته ای که برای من و شمای ایرانی که اصلا یهودی نیستیم ارزش بسیاری دارد؛ آن نکتهٔ مهم، جهان شمول بودن نجاتی است که مسیح به ارمغان آورد و هرگاه در مورد جهان شمول بودن این نجات صحبت می کنم، منظورم رستگاری عام نیست بلکه وسعت نجاتی است که همهٔ اقوام و نژادها را در بر می گیرد.

عیسی مسیح فرمود:

> گوسفندانی دیگری نیز دارم که از این آغل نیستند. آنها را نیز باید بیاورم و آنها نیز به صدای من گوش فراخواهند داد. آنگاه یک[28] گله خواهند شد با یک شبان. (هزارهٔ نو یوحنا ۱۰: ۱۶)

و این بخشی از آن پیام انقلابی بود که بستر باور و انتظار یهودیان را به لرزه در آورد؛ برخی گمان می کنند که وقتی عیسی مسیح در کنیسه طومار اشعیا را قرائت نمود و به حضار اعلان کرد که او همان مسیح موعودی است که اشعیا پیشگویی کرده است، ایشان را رنجاند و وا داشت تا برای کشتن وی برخیزند؛ اما نویسندهٔ انجیل لوقا، گزارش دیگری را به ما می دهد؛ پس از اینکه عیسی گفت:

---

[28] تاکید از نویسنده است

...امروز این نوشته [یعنی نبوت] هنگامی که بدان گوش فرا می دادید، جامهٔ عمل پوشید.

همه از او نیکو می گفتند و از کلام فیض آمیزش در شگفت بودند... (هزارهٔ نو لوقا ۴: ۲۱-۲۲)

اما او، اعلان دیگری نیز داشت؛ پیام عیسی ناصری تنها این نبود که وی مسیح است بلکه در ادامهٔ صحبت خویش، از دو شخصیتی نام می برد که در روایات کتب عهد عتیق ذکر شده بودند؛ بیوه زنی از شهر صَرفه و نعمان سریانی که مبتلا به جزام گشته بود؛ دو شخصی که یهودی نبودند. او سپس می گوید که ایلیا و الیشع از طرف خدا نزد این غیریهودیان فرستاده می شوند تا رحمت و فیض خدا را منعکس سازند؛ و در آنجا بود که واکنش شنوندگان در کنیسه تغییر می کند و کلام خدا می فرماید:

آنگاه، همهٔ کسانی که در کنیسه بودند، از شنیدن این سخنان برآشفتند و برخاسته، او را از شهر بیرون کشیدند و بر لبهٔ کوهی که شهر بر آن بنا شده بود، بردند تا از آنجا به زیرش افکنند. (هزارهٔ نو لوقا ۴: ۲۸- ۲۹)

مسیح موعود نیز آمده بود تا فیض و رحمت الهی را بر یهود و غیر یهود افاضه نماید. عیسی مسیح این دیوار جدایی ها را برداشته است و برای خود "ملتی برگزیده و مملکتی از کاهنان و امتی مقدس و قومی که ملک خاص خداست"،[29] ساخته است؛ و او قصد دارد تا این خلقت نو را به همین شکل یکپارچه نگاه دارد. من و تو ما هستیم و آنچه ما را، ما می سازد، پدری است که از طریق روح قدوس خود، عمل رهایی بخش پسرش را در دلهای ما به میوه می نشاند. این آمرزش گناهان و رستگاری جاودان است که به ما یاد می دهد تا با یکدیگر این دعا را به زبان آوریم، و یکی از

[29] هزارهٔ نو اول پطرس ۲: ۹

مناسبت هایی که در آن، این حقیقت زیبا به یاد آورده می شود و این اتحاد پر جلال به نمایش گذاشته می شود، شام خداوند است.

شاید به همین خاطر است که پولس رسول می گوید:

> ...هر که به شیوه ای ناشایسته نان را بخورد و از جام خداوند بنوشد، مجرم نسبت به بدن و خون خداوند خواهد بود. (هزارهٔ نو اول قرنتیان ۱۱: ۲۷)

اما چرا پولس چنین هشداری را به کلیسای قرنتس می دهد؟ به این جهت که در بین این کلیسا، جدایی ها روی می داد (۱۱: ۱۸)؛ نگرانی پولس، درک نادرست قرنتیان از صلیب مسیح و یا کار نجات بخش پسر خدا نبود بلکه رنجش او به این خاطر بود که آنها بدن یکپارچهٔ خداوند را جدا می ساختند و این تفرقه و شقاقها، ضد دعا و آرزوی مسیح عمل می کرد.

اگر اجازه بدهید که کمی مبالغه کنم، به دلیری خواهم گفت که اگر اتحاد ایمانداران، دعا و آرزوی ما نیست، همانطور که مسیح آرزو می کرد، بنابراین شایستهٔ شرکت در شام خداوند و ادای دعای خداوند(ربانی) هم نیستیم!

شکل جمعی این دعای خانوادگی یک حقیقت دیگری را هم به ما یادآور می شود و آن برادری عیسی است.

زمانی که عیسی از مردگان برخاست، به مریم مجدلیه ظاهر شد و به او گفت:

> ... هنوز نزد پدر صعود نکرده ام. بلکه نزد برادرانم برو و به آنها بگو که نزد پدر خود و پدر شما و خدای خود و خدای شما صعود می کنم. (هزارهٔ نو یوحنا ۲۰: ۱۷)

همهٔ ما این را می دانیم که هر گاه دعا می کنیم به مسیح، در مسیح و از طریق مسیح است که مناجات ما شنیده می شود اما آیا هرگز به این فکر کرده ایم که *با* مسیح دعا کنیم؟ و از آن بهتر، مسیح، همراه با ما و برای ما دعا کند؟

هر چه باشد نام او، عمانویل است، خدا با ما؛ خدا ماورای ما است اما او در میان ما نیز هست. کلام خدا به ما می گوید که عیسی، برادر ارشد ما است. او کسی است که به ما قدرت می بخشد تا فرزندان خدا گردیم،[30] و البته او همان کسی است که ما را برادران و خواهران خود می سازد.

> وقتی مردم از گناهانشان پاک می شوند، این پاک شدگان، همگی یک پدر دارند و به این جهت عیسی عار ندارد که آدمیان را قوم خود بخواند، چنانکه می فرماید: نام تو را به قوم[31] خودم (برادرانم – هزارهٔ نو) اعلام خواهم کرد، و در میان جماعت تو را حمد خواهم خواند. (ترجمهٔ مژده عبرانیان ۲: ۱۱- ۱۲).

ما و عیسی عضو یک خانواده هستیم و پدر ما یکی است و به همین جهت، عیسی مسیح از اینکه ما را برادران (و خواهران) خود بخواند، عار ندارد.

---

[30] یوحنا ۱: ۱۲

[31] کلمه ای که در اینجا "قوم" ترجمه شده است در اصل، معنای "خویشاوندی" نیز در آن هست؛بر این اساس،فرد ایماندارقوم و خویش عیسی خوانده خواهدشد.

پرسشی چالشی

او برای ما و همراه با ما دعا می کند و البته دعای خداوند(ربانی)، دعای مسیح نیز می باشد.

اما آیا کتاب مقدس به ما نمی آموزد که او بدون گناه بوده است و عیسی هرگز خطایی نکرد؟ و اگر چنین است، آیا جایز می باشد که بگوییم که عیسی این دعا را به همراه ما به لب می آورد؟ چرا که در این دعا از طلب بخشش صحبت می شود.

اجازه بدهید این پرسش را با پرسشی دیگر پاسخ دهم؛ آیا عیسی مسیح گناهان ما را برخود نگرفت؟ آیا عیسی مسیح برای ما گناه نشد؟

او کسی را که گناه را نشناخت، در راه ما گناه ساخت، تا ما در وی پارسایی خدا شویم. (هزارۀ نو دوم قرنتیان ۵: ۲۱) و اشعیای نبی هم این واقعیت را در کتاب خود منعکس ساخت وقتی گفت:

> ... خداوند تقصیر جمیع ما را بر وی نهاد. (هزارۀ نو اشعیا ۵۳: ۶)

درخواست و دعای مسیح از بر صلیب رفتنش این بود که : ...پدر، اینان را ببخش...(ترجمۀ مژده لوقا ۲۳: ۳۴)

او برای ما و به همراه ما دعا کرد. نویسندۀ رسالۀ عبرانیان به ما می گوید که او نیز در انسانیت با ما سهیم شد[32] بسان ما رنج کشیده، مورد حمله شریر قرار گرفت و از هر حیث همچون ما وسوسه شد[33] گرسنه گشت[34]، مورد بی احترامی و بی عدالتی

---

[32] عبرانیان ۲: ۱۴
[33] عبرانیان ۴: ۱۵
[34] مرقس ۱۱: ۱۲

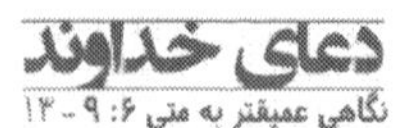

قرار گرفت.[35] او خدا بود، اما نه به دور از ما، بلکه با ما، در میان ما و به همراه ما نیز نزد پدر دعا کرد.

به قول *ساییرین*، یکی از پدران کلیسا:

"چقدر بیشتر درخواست و طلب ما در دعا به نام مسیح ثمر بخش خواهد بود، اگر آنچه را که می خواهیم، در دعای وی بخواهیم؟" [36]

باید در نظر داشت که اگر چه عیسی طبق نصّ عبرانیان ۴: ۱۵ "بدون گناه" بود اما چنانکه پیشتر نیز گفتم او برای ما گناه شد، پس در زیر نور مسیح برخاسته از مرگ، گوییا که همخوانی این دعا توسط عیسی با شاگردان، پذیرفتن وضعیت و اقرار به آن چیزی است که مالاً به صلیب و گناه شدن او انجامید؛ گویی که امر صلیب که در آینده ای نه چندان دور از واقعۀ همخوانی این دعا روی می دهد، در لحظۀ همخوانی دعا، انعکاسی روحانی می یابد؛ از این دریچه، عیسی نیز با توجه به اتفاقی که در آینده ای نه چندان دور برای او بر صلیب امری حتمی است، همصدا با شاگردان، به طور واقعی و نه سمبلیک، از طلب بخشش سخن می گوید.

عیسی مسیح این دعا را به زبان می آورد و ما می دانیم که پدر، دعای پسر خود را می شنود. بیایید ما هم با مسیح همصدا شده، دعای خداوند(ربانی) را به نزد پدر بخوانیم.

---

[35] اول پطرس ۲: ۲۱- ۲۵

[36] Cyprian 5:448.

آسمان

این دعا با جمله ای کوتاه آغاز می شود اما دریایی معنا را با خود به همراه دارد. عیسی مسیح از خدایی صحبت می کند که پدر من و شماست. خدایی که کلامش از نزدیکی وی به انسان صحبت می کند، نمایی از وجود خدا که الهیات دانان آنرا فروباشندگی الهی می خوانند؛ اما مسیح در همان دم از متعال بودن پدر نیز می گوید و از فراباشندگی الهی سخن می راند. خدایی که من و شما به شباهت وی خلق شده ایم، شبیه ما نیست. او باشنده ای بی نظیر است، خدایی که همتا ندارد؛ او هست، و هستی وی در فهم و درک انسانی نمی گنجد.

آرتور پینک می گوید که اگر عبارت "پدر ما" اعتماد و عشق الهی را منعکس می سازد، واژهٔ "آسمان" باید خضوع و خشوع و حرمت را در ما برانگیزد؛ این دو باید در هر زمان فکرهای ما را به خود مشغول سازند. نزدیکی بدون تفوق، آشنایی نامقدس را منجر خواهد شد و فراباشندگی بدون نزدیکی، چیزی جز خوف و جدایی نخواهد بود.[37]

خدایی که عیسی مسیح به ما آموخته تا او را پدر بخوانیم، سرایندهٔ مزمور در وصف وی این چنین می گوید:

> خدای ما در آسمان است، او هر آنچه را که بخواهد، به انجام می رساند. (هزارهٔ نو مزمور ۱۱۵: ۳)

این خدا، پدری است که ما را سرشار از محبت و مهر خود کرده، به قول پولس، محبت وی توسط روح القدس که به ما بخشیده شد، در

---

[37] Pink, Arthur. *The Lord's Prayer,* . 2011: Bottom of the Hill Publishing. p18

دلهای ما ریخته شده است.[38] اما در همان حال نیز نویسندۀ عبرانیان به ما یادآور می شود که خدای ما آتش سوزاننده است.[39]

او پدر ما است، اما این حقیقت به اینجا ختم نمی شود؛ پدر ما در آسمان است.

انسان عموما به راحتی حس تعادل خویش را از کف می دهد؛ یا به افراط می رویم و یا تفریط را پیشه می کنیم؛ یا خدا را آن چنان از خود جدا و غریب می دانیم که مصاحبت با وی امکان پذیر نیست، یا خدا را چنان دوست و رفیق خویش می پنداریم که با وی ادعای نوشیدن چای می کنیم!

عیسی به ما آموخت تا خدا را پدر خطاب کنیم، اما او همچنان به ما یادآور شد که این پدر، آسمانی است و تخت پادشاهی وی در آسمان است و زمین کرسی زیر پای وی می باشد.[40]

بارکلی می گوید، عیسی تنها زمانی خدا را پدر می خواند که شاگردان حضور داشتند؛ زیرا که واژۀ پدر، برای عیسی لقبی کم ارزش نبود و تنها زمانی آن را به زبان می آورد که مطمئن باشد که شنوندگانش بها و مقام پدر را می دانند.[41]

زمانی که این دعا از لبان شاگردان جاری می شد، گوییا بر رکاب آیاتی بود که عیسی در آنها نام پدر را بر می افراشت.

> ای یهوه خداوند ما، چه مجید است نام تو در تمامی زمین، که جلال خود را فوق آسمانها گذارده ای! ای یهوه خداوند

---

[38] رومیان ۵: ۵
[39] عبرانیان ۱۲: ۲۹
[40] اشعیا ۶۶: ۱
[41] Barclay, William. *The Lord's Prayer. What the Bible tells us about the Lord's Prayer.* 1975: . Saint Andrew Press. p20

ما، چه مجید است نام تو در تمامی زمین. (ترجمهٔ قدیم مزمور ۸: ۱و ۹)

آسمان چه واژهٔ پر جلالی است! این واژه چون رنگین کمانی است با رنگهای بسیار، مانند قطعه موسیقی زیبایی است که هزاران آلت موسیقی در هم نوایی می نوازند؛ آسمان مانند گوهری است که درخشش آن از هر زاویه ای خیره کننده است.

آسمان از قدوسیت خدا صحبت می کند؛ آسمان از بی نظیری آفریدگاری سخن می راند که او را همتایی نیست. آسمان خانهٔ خداست، خانه ای که نشانی اش اینجا و آنجاست؛ اما خدا نه اینجاست و نه آنجا؛ خدا همه جاست. آسمان از کوهی صحبت می کند که جلال خدا بر آن نازل گشته، حضوری که هیچ کس توان نزدیک شدن به آن را ندارد؛ آسمان از آتش سوزاننده ای صحبت می کند که باید از دور به آن نگریست؛ آسمان از سرمنزل مقصود با ما حرف می زند.

این خدا در مسیح، پدر ما شده است. آسمان در پسر خدا به زمین آمده است و عیسی مسیح، ما را در خود حمل می کند و به خانه می برد. این آتش سوازننده با حضور پسر خدا، جانها را روشن می سازد و ضرری نمی رساند.

یوحنای زرّین کام می گوید که: وقتی عیسی به ما آموخت تا اینگونه دعا کنیم، منظور وی این نبود که خدا را محدود به آسمانها سازد، بلکه تا ما را از زمین کنده در آسمان، در جاهای والا قرار دهد.[42]

شاید اگر بگوییم که جنس من و شما آسمانی است صحیح تر باشد؛ آسمانی که از ما به وسعت گناهان ما دور است. پدری که می خواهد ما را در خانه خود پذیرا باشد، اما چون آن پسر جوانی که

---

[42] Saint John Chrysostom: Homily XIX on the Gospel of saint Matthew

به پدرش پشت کرد، ما نیز در گرد و غبار این دنیا مشغول شده، خانهٔ پدر را فراموش کرده ایم. اما عیسی آمده تا ما را به آسمان وصل کند و البته روزی خواهد رسید که این آسمان پرجلال و زمین به هم پیوند خورده، در هم تنیده خواهند شد. شهر مقدس، اورشلیم جدید از آسمان، از نزد خدا پایین می آید و آنگاه مسکن خدا با آدمیان خواهد بود و او با آنها ساکن خواهد شد؛ در این خانهٔ تازه، اشکها از چشمانمان پاک گشته، دیگر ماتم و شیون و درد وجود نخواهد داشت؛ دیگر مرگ نخواهد بود.[43]

---

[43] مکاشفه ۲۱: ۲- ۴

فصل دوم

نام تو مقدس باد

مقدس

حتماً داستان ناداب و ابیهو، پسران هارون را در کتاب لاویان خوانده اید؛ زمان پرستش فرا رسیده بود و این دو برادر، منقل های آتش خود را بر می دارند و ذغال ها را روشن کرده، کُندر را دود می کنند و به داخل خیمۀ اجتماع می روند تا این بخورها و پرستش را حضور خداوند تقدیم کنند. فصل دهم کتاب لاویان با روایت دو پرستنده ای آغاز می شود که برای پرستش به حضور خداوند می روند و البته، به نظر می رسد که هر آنچه را که برای پرستیدن نیاز داشتند نیز با خود می برند؛ اما سیر داستان مسیر غیرمنتظره ای را پیش می گیرد؛ ناگهان، آتشی از حضور خداوند پیدا شد و آنها را سوزاند و هر دو در حضور خداوند مردند. و البته

نویسنده، دلیل این واقعهٔ دهشتناک را توضیح می دهد: این آتش[1] مقدس نبود، زیرا که خداوند به آنها امر نکرده بود.[2]

آیا تا به حال هنگام پرستش در جماعت مقدسین، این حالت به شما دست داده است؟ حالتی که به نظر می رسد، آنچه نواخته و سراییده می شود، آنچه جماعت به همراه گروه نوازندگان، سرایندگان و سرپرست پرستش به خداوند تقدیم می کنند، شایستهٔ حضور، جلال و قدوسیت خدا نیست.

سرود ها سراییده می شوند اما بوی تقدس و حرمت در این دود کندر یافت نمی شود. گاهی به حضور خدا دعا می کنیم، اما به راحتی از خاطر می بریم که او خداست و ما انسان، و باید کلمات ما درخور و شایستهٔ این پادشاه آسمان و زمین باشد. از فیض بی نهایت خداوند در عجبم که آتش مهیب خود را از ما بازداشته است و ما را، یعنی جماعت مقدسین را به جرم *مقدس* نبودن هلاک نمی کند.

مطمئناً اگر در دورهٔ انبیای عهد عتیق می زیستیم، پرستشها، سرودها، اشعار و حرکات ما، آنگونه بود که خدا را می شاید. حضور خدا در عهد عتیق، حضوری خطرناک می نمود. هیبت یهوه، در عهد جدید کمرنگ نشده است و قدوسیت، از وی رخت برنبسته است و جلال خدا، خار نگشته است؛ او هنوز خداست و او هنوز مهیب و برای ناپاکان خطرناک است.

دعای خداوند(ربانی)، ما را تشویق می کند تا با خضوع و خشوع به درگاه وی داخل شویم؛ پیش از آنکه باقی دعای خود را به زبان آوریم، کلمات سرایندهٔ مزمور را به یاد آوریم:

---

[1]اشاره به آتشی است که پسران هارون در منقل های خود روشن کرده بودند
[2]لاویان ۱۰: ۱

> همه، نام پُر شکوه او را با احترام بپرستند، زیرا او قدوس است. (ترجمهٔ مژده مزمور ۹۹: ۳)

فرهنگ ایرانی ما، ابعاد زیبایی دارد که متاسفانه در دنیای غرب معنایی ندارد؛ یکی از زیباترین عادات فرهنگی که آن را بسیار می پسندم، برپاخاستن جوانتران، هنگام ورود بزرگان و پیران به جمع است. از کودکی به ما آموخته اند، هر گاه معلم وارد کلاس می شود، به ادای احترام، به پا خیز و هر وقت پدر به خانه آمد، بلند شو و بایست؛ او پدر است، اما حرمت پدری وی، در صمیمیت و نزدیکی اش با من و شما، ناپدید نشده است.

حرمت نهادن به نام خدا، فرمانی است که هر یهودی، از خردسالان تا پیران به خوبی می دانستند.

> نام یهوه خدایت را به ناشایستگی مبر، زیرا خداوند کسی را که نام او را به ناشایستگی برد بی سزا نخواهد گذاشت. (هزارهٔ نو خروج ۲۰: ۷)

نام خدا مقدس است و باید پیروان یهوه، این حقیقت را اعلان و آن را در زندگی خود اعمال نمایند. این فرمان، با آمدن عیسی و آشکار شدن فیض الهی توسط پسر خدا، در عهد عتیق به فراموشی سپرده نشد بلکه عیسی مسیح، آن را در دعای خداوند(ربانی)، به شاگردان خود تجویز می نماید.

شاید اگر مسیحیان، مانند مقدسین عهد عتیق، شاهد آتش فروبرندهٔ الهی می بودند و شاید اگر نمونه هایی مانند ناداب و ابیهو در جلسات عبادتی ما اتفاق می افتاد، این بخش از دعای خداوند(ربانی) را به نوع دیگری می خواندیم:

ای پدر ما که در آسمانی

نام تو مقدس باد

برای بسیاری از ما، این دو جمله، تنها به جهت خطاب کردن خدا کاربرد دارد و معنا و کاربرد آن، فراتر از آن نمی رود. به نظر بسیاری، این تنها اعتراف به حقیقتی است که دعای ما را زیباتر می سازد و حقیقتی که یادآوری آن، خدا را خشنود می گرداند؛ اما دعای خداوند(ربانی) ، اعترافنامه ای که به شکل نیایش بیان شود نیست بلکه مجموعه ای از درخواستهایی است که به درگاه پدر آسمانی بلند کرده می شود.

آنچه مسیح به شاگردان و به ما آموخت، دادخواستی است که باید به حضور قانون گذار آسمان، یهوه، آفریدگار گیتی و پدر سماوی برده شود؛ و این دادخواست، ساختار و چهارچوبی دارد که اولویت های آن، توسط پسر خدا چیده شده است.

هرگاه نزد پدر آسمانی خود می رویم، نخستین درخواست این است که نام خدا مقدس باشد. او نمی گوید: ای پدر ما که در آسمانی، نام تو مقدس است، بلکه او می فرماید، *نام تو مقدس باد* و معنای آن، این است که باید عملی انجام شود و من و شما در تقدس نام خدا، سهمی داریم.

طبیعتاً نخستین پرسشی که مطرح می شود این است که سهم من در مقدس داشتن نام خدا چیست؟ چه باید کرد تا به نام خدا حرمت نهاده شود؟

پیش از اینکه به اهمیت آنچه بر دوشهای ما نهاده شده است بپردازیم و مفهوم وظیفهٔ یک مسیحی را در تقدس نام خدا بکاویم، باید بدانیم که بستر این دادخواست بر چه نهاده شده است؟

اجازه بدهید به گذشته بازگردیم، به زمانی که همه چیز از آنجا شروع می شود، به واقعه ای که نام مقدس خدا اعلان شده است و از آن پس، موسی خود را در مقابل وظیفه ای بسیار خطیر می بیند.

موسی در حال چراندن گلهٔ پدر زن خود یترون است که بوته ای را می بیند که شعله ور است، اما نمی سوزد. موسی شاهد پارادوکسی بود که توضیحی برای آن نداشت؛ چگونه ممکن است که بوته مشتعل باشد اما شعله های آتش آن را نسوزاند؟ او بر این قصد بود تا این امر شگفت را از نزدیک دیده، شعله های آتش کنجکاوی که درونش را می سوزاند خاموش سازد. رشتهٔ افکار موسی و پرسشهایی که در ذهن می پروراند با ندایی شگرف تر از آنچه می دید، پریشان گشت:

> ای موسی!، ای موسی! ... نزدیکتر میا! کفش از پا به در آر، زیرا جایی که بر آن ایستاده ای زمین مقدس است.[3]

و خدا خود را به سه گونه معرفی می کند.

- من هستم خدای پدرت، خدای ابراهیم، خدای اسحاق و خدای یعقوب؛
- من تیره روزی قوم خود را در مصر دیده ام و فریاد آنها را از دست کارفرمایان ایشان شنیده ام و از رنجشان نیک آگاهم؛
- اکنون نزول کرده ام تا آنان را از چنگ مصریان برهانم ... از آن سرزمین به سرزمینی که شیر و شهد در آن جاری است... (هزارهٔ نو خروج ۳: ۶ ـ ۸)

خدا خود را در رابطه با گذشته، حال و آیندهٔ قوم اسرائیل به موسی آشکار می کند.[4]

---

[3]هزارهٔ نو خروج ۳: ۴- ۵

يوحنا، در رویای خود، خدا را از زبان وی اینگونه معرفی می کند:

> منم، الف و منم ی، منم آن که هست و بود و می آید، آن قادر مطلق. (هزارهٔ نو مکاشفه ۱: ۸)

خدایی که ورای درک انسانِ محدود و محصور است، در قالب زمان و مکانی که مبتنی بر درک و شعور آدمی است، خود را به ما می نمایاند.

اما به نظر می رسد که موسی با آنچه خدا در باب خود به وی گفته بود، هنوز پرسش هایی داشت؛ موسی می پرسد:

> اگر نزد بنی اسرائیل روم و بدیشان گویم، خدای پدرانتان مرا نزد شما فرستاده است، و از من بپرسند، نام او چیست؟ آنها را چه پاسخ دهم؟ (هزارهٔ نو خروج ۳: ۱۳)

خدا پاسخ می دهد:

> ... هستم آنکه هستم. به بنی اسرائیل بگو او که هستم نامیده می شود مرا نزد شما فرستاده است. به آنها بگو: خداوند خدای اجداد شما، خدای ابراهیم، اسحاق و یعقوب مرا نزد شما فرستاده است. اسم من تا ابد همین خواهد بود و تمام نسلهای آینده باید مرا به همین اسم بخوانند. (ترجمهٔ مژده خروج ۳: ۱۴-۱۵)

آنچه خدا به موسی پاسخ می دهد چون بوتهٔ مشتعل بود؛ پارادوکسی که درک وی برای موسی چندان آسان نمی نمود؛ بوته ای که می سوزد اما سوخته نمی شود. نامی که به راحتی نمی توان به زبان آورد، اما خدا به آن نامیده می شود.

---

[4] Crossan, John Dominic. *The Greates Prayer:Rediscovering the Revolutionary Message of The Lord's Prayer*. 2010: Harper One. p55

نامی که عیسی مسیح به ما می گوید که باید مقدس باشد؛ *نام تو مقدس باد.*

هر گاه به حضور این پدر دعا می کنی، بیاد داشته باش که تنشی در این مصاحبت وجود خواهد داشت. او پدر توست و می توانی او را خطاب کنی اما نام او مقدس است، وجود او بی همتا و هستی وی غیرقابل درک است.

> او را پدر خطاب کن اما به یاد داشته باش که: ...نعلینت را از پایت بیرون بیاور، چون جایی که ایستاده ای زمین مقدس است. (ترجمهٔ مژده خروج ۳: ۵)

اگر این کشمکش روحانی را در ملاقات با خدای بی نظیر تجربه کرده باشیم، طبیعتا، دعاهای ما، پرستشها و درخواستهای ما، شایستهٔ این حضور ملوکانه خواهد بود.

واژهٔ مقدس، به دو معنی در کتاب مقدس به کار رفته است.

نخست: به معنای پاک و منزه و به دور از هر نوع شرارت و گناه؛

دوم: به تصویر کشیدن تفوق الهی است؛ خدا نظیری ندارد و وجود او را مانندی نیست.

و چون خدا مقدس است، هر آنچه نیز که با وی در رابطه است، مقدس می باشد؛ کارهای خدا، وعده های الهی، عدالت وی و حتی من و شما که به وسیلهٔ مسیح، فرزندان خدا شده ایم، مقدس می باشیم. یعنی برای خدا جدا نموده شده، به وی تخصیص داده شده ایم و با دیگران فرق داریم.

> برای من مقدس باشید، زیرا من، یهوه، قدوس هستم و شما را از قومها متمایز ساخته ام تا از آنِ من باشید. (هزارهٔ نو لاویان ۲۰: ۲۶)

آیا قدوسیت خدا بنا بر اعمال ما زیاد و یا کم شده، خدا در زمانی مقدستر و موقعی نیز کمتر مقدس می گردد؟ البته که چنین نیست؛ خدا مقدس است و خدا تغییر ناپذیر می باشد. خدا در قدوسیت خویش، لایتغیّر است.

عیسی مسیح، دیروز و امروز و تا ابد همان است. (هزارهٔ نو عبرانیان ۱۳: ۸) و یعقوب به ما در مورد پدری سخن می گوید که در او نه تغییری است و نه سایهٔ ناشی از دگرگونی در وی یافت می شود.[5]

اما هر مسیحی بداند که او، نمایندهٔ خدا بر خلقت وی است. همانطور که نظارت آفرینش خدا به آدم سپرده شد و او مسئول بود تا ملکوت الهی و اقتدار خدا را با ادارهٔ خلقت پدر خود، خدا گسترش دهد، ما نیز در مسیح خوانده شده ایم تا وظیفهٔ آدم را به عهده گیریم.

> یهوه خدا آدم را برگرفت و او را در باغ عدن نهاد تا کار آن را بکند و از آن نگهداری نماید. (هزارهٔ نو پیدایش ۲: ۱۵)

این آیات حاوی کلمات الهی هستند که به بشر ادا شد و آنچه خدا به انسان گفت، در خصوص رابطهٔ بنی آدم با خلقت بود؛ این واژه ها، به مقصود تقسیم قدرت (الهی) بود. از این پس، خدا تصمیم گرفت تا تنها قدرت خلاقه نباشد؛ اکنون با چنین کاری، خدا رابطه ای را با انسان برقرار می سازد که در آن قدرت خویش را با انسان تقسیم می کند.[6]

---

[5]یعقوب ۱: ۱۷

[6] Brueggemann, The New Interpreter's Bible, 346.

در حقیقتْ خدا، وظیفه ای سنگین بر دوشهای انسان می نهد و آن استقرار و گسترش ملکوت خدا بود؛ همانطور که در ادامهٔ دعای خداوند خواهیم دید، این وظیفهٔ خطیر، به پایان نرسیده است و امروز نیز خدا از ما می خواهد تا دستان وی بر خلقتی باشیم که نیازمند پادشاهی عادلانه و پرجلال الهی است.

درک این حقیقت و فهم و دانش اینکه خدای پدر از طریق عیسی مسیح، ما را بر نظارت خلقت خود و گسترش ملکوت و انعکاس جلال خویش گمارده، ایمانداران را به حفظ و پرورش سیرت مسیحی فرا می خواند؛ از ما خواسته می شود تا زندگی، رفتار و کردار ما چنان باشد که جلال و شکوه پروردگار در آن جلوه یابد.

بنابراین، هر نوع گفتار و کردار یک مسیحی، یا نام خدا را حرمت می نهد و یا شهرت پدر آسمانی ما را رسوا خواهد ساخت. عیسی مسیح به ما یادآور شد:

> ...بگذارید نور شما بر مردم بتابد تا کارهای نیکتان را ببینند و پدر شما را که در آسمان است، بستایند. (هزارهٔ نو متی ۵: ۱۶)

زندگی برای جلال و ستایش نام خدا، یعنی مقدس بودن و نام خدا را تقدیس نمودن است. آگوستین می گوید:

این دعا به آن معنا نیست که نام خدا مقدس نیست بلکه منظور این است نام خدا توسط انسانها، حرمت نهاده شود.[7]

[7] Augustine, "Our Lord's Sermon on the Mount, " in saint Augustine: Sermon on the Mount, Harmony of the Gospels, Homilies on the Gospels, ed. By Philip Schaff, Nicene and Post-Nicene Fathers, First Series, 14 Vols. (Christian Literature, 1888; repr. Peabody, MA: Hendrickson, 1994) 6: 1-63 (p 40).

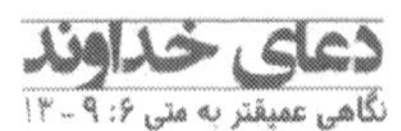

او قدوس است و وظیفهٔ آشکار کردن این حقیقت به دنیایی که در تاریکی پنهان شده، بر عهدهٔ آنانی است که به نور الهی منور شده اند و به فیض مسیح، تقدیس گشته، به حضور پر جلال پدر راه یافته اند.

باب ششم کتاب اشعیا، تجربهٔ نویسندهٔ این کتاب را برای ما روایت می کند. زمانی که نبیّ خدا، اشعیا، وارد هیکل می شود با صحنه ای روبرو می گردد که چنین وصف می کند:

> ... خداوند را دیدم که بر کرسی بلند و عالی نشسته بود، و هیکل از دامنهای وی پر بود. و سرافین بالای آن ایستاده بودند که هر یك از آنها شش بال داشت، و با دو از آنها روی خود را می‌پوشانید و با دو پایهای خود را می‌پوشانید و با دو پرواز می‌نمود. و یکی دیگری را صدا زده، می‌گفت: «قدّوس قدّوس قدّوس یهوه صبایوت، تمامی زمین از جلال او مملوّ است.» و اساس آستانه از آواز او که صدا می‌زد می‌لرزید و خانه از دود پر شد.

ملاقات با خدای قدوس، حقیقت دیگری را نیز بر وی برملا می کند؛ اینکه او گناهکار است و تنها زمانی می تواند در حضور آن قدوس حاضر شود که خود نیز از گناهان مبرا شده، برای خدمت تقدیس گردد.

> پس گفتم :«وای بر من که هلاك شده‌ام زیرا که مرد ناپاك لب هستم و در میان قوم ناپاك لب ساکنم و چشمانم یهوه صبایوت پادشاه را دیده است.»

> آنگاه یکی از سرافین نزد من پرید و در دست خود اخگری که با انبر از روی مذبح گرفته بود، داشت. و آن را بر دهانم گذارده، گفت که «اینك این لبهایت را لمس کرده است و

عصیانت رفع شده و گناهت کفّاره گشته است.»(ترجمهٔ قدیم)

اما داستان این فصل با بخشش اشعیا به پایان نمی رسد بلکه اشعیا می افزاید:

لبیك مرا بفرست

آنچه اشعیا انجام داد، همان چیزی است که عیسی مسیح از ما درخواست می کند؛ بدانید! که خدا قدوس است و نام او را حرمت نهید و قدوسیت او را اعلان کرده، همه را به توبه دعوت نمایید.

خدا قدوس است و من گناهکار می باشم و باید به قصورات خود در حضور یهوه صبایوت اعتراف کرده، طلب بخشش نمایم و با کفاره ای که او برای من تهیه کرده، پوشش یابم. و اکنون وظیفهٔ من، اعلان این حقیقت است که دنیا نیازمند چنین ملاقات و توبه ای می باشد.

وظیفهٔ ما دعا برای این حقیقت است که ما به همراه کلیسا، در خدمت اعلان جلال و شکوه و قدوسیت نام خدا، گام بر می داریم. فرصت برای درخواستهای دیگر خواهد بود، اما پیش از هر چیز، باید در حضور این پادشاه زانو زده، نام او را حرمت نهاد.

مسیح فرمود:

لیکن اوّل ملکوت خدا و عدالت او را بطلبید که این همه برای شما مزید خواهد شد. (ترجمهٔ قدیم متی ۶: ۳۳)

دعای یک مسیحی، نخست با پرستش آغاز می شود؛ دعای یک مسیحی خدا محور است و حول و حوش ما و نیازهایمان نمی گردد.

پرسش اول در کتاب پرسش و پاسخ شفاهی ایمان مسیحی این است: علت اصلی وجود انسان چیست؟ و پاسخی که متعاقب آن ارائه می

شود چنین است: دلیل اصلی وجود انسان، جلال دادن به خدا و لذت بردن از وی می‌باشد.[8]

و مسیحیان با این دعا و اشتیاق به انجام آن، زندگی خود را به سوی کمال سوق می دهند." آسمانْ جلال خدا را بیان می‌کند و فلکْ از عمل دستهایش خبر می‌دهد". (ترجمهٔ قدیم مزمور ۱۹: ۱) و ما باید به این سرود کیهانی ملحق شویم و نت زیبای اعلان جلال و کبریایی خداوند را سر دهیم. زندگی مقدس و در جهت حرمت نهادن به نام خداوند، هم آوایی با این سمفونی آسمانی است و گناه کردن و به کژی رفتن، مانند آن آلت موسیقی است که نت خارج از میزان را می نوازد و این هارمونی زیبا را با صدای ناهنجار خود، به هم می زند. باید این سرود تقدس را بسراییم؛ آن زندگی که به جهت جلال دادن و تقدس نام خداست زندگی ای، سرشار از شادی است. زندگی ای که در تمامیت و پری آن تجربه می شود. پاسخ به پرسشی که مولانا می پرسد:

از کجا آمده ام، آمدنم بهر چه بود؟[9]

همان است که عیسی مسیح به ما تعلیم داد: نام تو مقدس باد.

یعنی هدف از آمدن ما به این جهان، همانا جلال نام خدا در تقدیس نام اوست.

---

[8]کتاب پرسش و پاسخ‌های شفاهی ایمان مسیحی: پرسش ۹۹
(مطابق با پرسش و پاسخهای معمول در کلیساهای اصلاح شده و شورایی)
مترجم: کشیش فریبرز خندانی

[9]منسوب به مولوی است.

فصل سوم

ملکوت / پادشاهی تو بیاید. ارادهٔ تو چنان‌که در آسمان است، بر زمین نیز کرده شود.

ملکوت

مفهوم عبارت ملکوت تو (خدا) و پادشاهی آسمان در واژه نامهٔ بسیاری از مسیحیان تنها محدود به دنیای نامرئی می شود که حضور خدا در آنجا حکمرانی می کند؛ این ملکوت، عالمی دور و خارج از دسترس آدمیان است؛ خدا آنجاست و ما اینجا. امیدوار هستیم که روزی ما هم به آنجا برویم، به آسمان، به جایی که خدا در آن زندگی می کند. اما تا آن موقع، ما بر روی زمینیم یعنی دنیای آدمیان؛ و تا آنجایی که ما می دانیم، دنیای آدمیان و عالم الهی، یعنی ملکوت آسمان، فرسنگها از هم دور هستند.

دنیای ما، از فساد و ناعدالتی، فقر و بیماری پر است؛ شرارت در آن بی داد می کند و هرج و مرج برقرار است. تنها چیزی که به نظر می رسد در این دنیای شکستهٔ آدمیان نیست، خدا و پادشاهی آسمان است.

یهودیان زمان مسیح هم آرزوی ملکوت خدا را می کشیدند؛ آرزوی زمانی را که یهوه، تخت سلطنت خود را برقرار کرده، قوم اسرائیل را از حقارت و ضلالت بلند نموده، در حضور خود برپا دارد. این انتظار و آرزو در زمان عیسی به اوج خود رسیده بود؛ چشمان آنان منتظر ظهور مسیح (مسح شده - پادشاه) بود تا پادشاهی یهوه را برقرار سازد.

دکتر *رایت* می گوید که، امپراطوری روم [برای یهودیان] لعنت بود و پادشاهی هیرودیس، چون شوخی تلخی می نمود. زمان آن رسیده بود که خدای حقیقی، پادشاهی راستین، وارد تاریخ گردد و قدرت و جلال یافته، سلطنت خود را اعلان نماید.[1]

در دعای کدیش (به معنای مقدس)، - مجموعه سرودهای یهودی که در نیایشهای ایشان خوانده می شود و گفته می شود، کهنترین بخش این مجموعه به قرن اول میلادی باز می گردد - اینگونه نوشته شده است:

نام او (خدا) در دنیایی که مطابق ارادهٔ خود خلق نموده، جلال یافته، تقدیس گردد. باشد که پادشاهی خود را در زمان حیات و روزهایتان برقرار سازد.[2]

اشعیای نبی نیز به همان سان، آرزو و دعای سایر انبیا را در کتاب خود ترسیم می کند:

> چه زیباست بر کوهها پایهای مبشّر که سلامتی را ندا می‌کند و به خیرات بشارت می‌دهد و نجات را ندا می‌کند و به صهیون می‌گوید که خدای تو سلطنت می‌نماید. آواز

---

[1] Wright, N. T. *The Lord and His Prayer*. WM. B. EERDMANS, 1996. P25
[2] http://www.chabad.org/library/article_cdo/aid/281617/jewish/The-Kaddish.htm

دیده‌بانان توست که آواز خود را بلند کرده، با هم ترنّم می‌نمایند، زیرا وقتی که خداوند به صهیون رجعت می‌کند ایشان معاینه خواهند دید. ای خرابه‌های اورشلیم به آواز بلند با هم ترنّم نمایید، زیرا خداوند قوم خود را تسلّی داده و اورشلیم را فدیه نموده است. خداوند ساعد قدّوس خود را در نظر تمامی امّت‌ها بالا زده است و جمیع کرانه‌های زمین نجات خدای ما را دیده‌اند. (ترجمهٔ قدیم اشعیا ۵۲: ۷ – ۱۰)

خدا، پادشاه قوم یهود به اسرائیل باز خواهد گشت؛ این وعدهٔ خدا بود و همینطور دعای هر یهودی، که برقراری حکمرانی آسمان را با چشمان خود ببیند. شعله های این آرزو در دلهای عیسی مسیح و شاگردان نیز مشتعل بود؛ و زمانی که عیسی از شاگردان خود خواست تا برای آمدن ملکوت خدا دعا کنند، احتمالا آیاتی نظیر پیشگویی های اشعیا در ذهن و قلب ایشان جان گرفت.

مایل هستم پیش از هر چیز به نکتهٔ مهمی اشاره کنم که گمان می کنم اکثر ما مسیحیان قرن بیست و یکم از آن غافل هستیم؛ زمانی که عیسی، دعای آمدن ملکوت خدا را به شاگردان تجویز کرد، تنها منظور وی، پادشاهی خدا در قلوب مومنین و نجات گناهکاران نبود؛ آن پادشاهی که مسیح از آن صحبت می کرد، حکومتی بود که خود وی، بر کرسی سلطنتش می نشست. این پادشاهی تنها در بُعد سماوی خلاصه نمی شد؛ به همین جهت این دعا، درخواست اجرای ارادهٔ خدا بر روی زمین را نیز شامل می شود. این سلطنت هر چه که هست، با دنیای ما آدمیان هم کار دارد. گسترهٔ این پادشاهی[3]، زمین ما خاکیان را هم در بر می گیرد.

---

[3]این معنا در ریشهٔ یونانی این کلمه "βασιλεία" (basileia) نیز هست؛ چنانکه مثلا در استعمال این کلمه در عبرانیان ۱۱: ۳۳ معنای این جهانی مملکت و قلمرو یک پادشاهی در آن کاملا آشکار است.

این پادشاهی، آسمانی و زمینی است و مسیح در تلاش بود تا با مثلهای گوناگون، هر نوع تصویر محدود و یک بُعدی از پادشاهی خدا را در هم شکند؛ در واقع، این پادشاهی تنها آن چیزی نبود که شاگردان در نظر داشتند و فقط آن تصویری نیست که ما در ذهن خود رسم کرده ایم.

ملکوت آسمان (خدا) مرکز خدمت و تعالیم مسیح را شکل می داد؛ متی به ما می گوید که عیسی پس از گذر از تجربهٔ بیابان و وسوسه شدن به دست شیطان، به کفرناحوم می آید و "از آن هنگام به موعظه شروع کرد و گفت: توبه کنید زیرا ملکوت آسمان نزدیک است".[4] اشتیاق به تعلیم و موعظه در باب پادشاهی خدا، با مرگ وی خاتمه نیافت، بلکه پس از اینکه زنده گشت، نزد شاگردان خود رفت و لوقا به ما می گوید:

> ... در مدت چهل روز بر ایشان ظاهر می شد و دربارهٔ امور ملکوت خدا سخن می گفت. (ترجمهٔ قدیم اعمال رسولان ۱: ۳)

شاگردان مسیح، در انتظار برقراری حکومتی بودند تا آنها را از استثمار و استبدادهای زمان برهاند و کشور اسرائیل را استقلال بخشد؛ آنها حتی پس از رستاخیز مسیح از مردگان، هنوز از وی می پرسند:

> خداوندا آیا در این وقت ملکوت را بر اسرائیل باز برقرار خواهی داشت؟ (ترجمهٔ قدیم اعمال رسولان ۱: ۶)

اما پاسخی که مسیح به ایشان می دهد، چیزی نیست که مسیحیان قرن بیست و یکم انتظار داشتند؛ شاید اگر ما در کنار مسیح حاضر می بودیم می توانستیم تا به پرسشهای شاگردان

---

[4] متی ۴: ۱۷

پاسخ دهیم، به آنها یادآور می شدیم که پادشاهی آسمان یک امر روحانی است و خدا، سلطان قلبهاست و آنها باید این تصویر ملکوت زمینی را از فکرهای خود بزدایند و کمی فکر سماوی داشته باشند؛ و شاید بیتی از سرودنامهٔ کلیسایی را می خواندیم که می گوید:

> با قلبی شادان در نوری تابان سوی آسمان باشم روان[5]

اما عیسی بدیشان گفت:

> از شما نیست که زمانها و اوقاتی را که پدر در قدرت خود نگاه داشته است بدانید. (ترجمهٔ قدیم اعمال رسولان ۱: ۷)

به عبارتی دیگر، پاسخ مسیح به شاگردان این است که لازم نیست در مورد زمان استقرار پادشاهی نگران باشید؛ یعنی آن چیزی که شما باید به آن توجه داشته باشید زمان آن نیست، بلکه وظیفه ای است که در این خصوص به عهدهٔ شما نهاده شده است؛ و مسیح به ایشان می گوید که باید به قوت روح خدا، شاهدان مسیح در سرتاسر جهان باشند[6].

ملکوت آسمان پیوند دو عالم است. زمانی پادشاهی خدا به کمال خواهد رسید و در تمامیت آن، برقرار شده، یهوه رجوع خواهد کرد، که آسمان و زمین به هم بیامیزند.

یوحنای رسول از این روز پرجلال به ما خبر می دهد.

> و دیدم آسمانی جدید و زمینی جدید، چونکه آسمان اول و زمین اول درگذشت و دریا دیگر نمی باشد. و شهر مقدس اورشلیم جدید را دیدم که از جانب خدا از آسمان نازل

---

[5] نام سرود: در طی سفر

[6] اعمال رسولان ۱: ۸

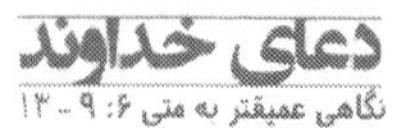

می شود، حاضر شده چون عروسی که برای شوهر خود آراسته است. و آوازی بلند از آسمان شنیدم که می گفت: اینک خیمه خدا با آدمیان است و با ایشان ساکن خواهد بود و ایشان قوم های او خواهند بود و خود خدا با ایشان خدای ایشان خواهد بود. و خدا هر اشکی را از چشمان ایشان پاک خواهد کرد. و بعد از آن موت نخواهد بود و ماتم و ناله و درد دیگر رو نخواهد نمود زیرا که چیزهای اول در گذشت. (ترجمهٔ قدیم مکاشفه ۲۱: ۱- ۴)

این آن چیزی است که مسیح از ما درخواست کرد تا برای آن دعا کنیم؛ این پادشاهی تنها روحانی نیست، هر چند تار و پود آن آسمانی است. این سلطنت تنها به عدل و انصاف و برقراری صلح بر روی زمین و آزادی اُسرا و استقلال محدود نیز نمی شود، هر چند، تمام اینها انجام خواهند شد. ملکوت خدا، بسیار وسیعتر و با شکوهتر از آنی است که شاگردان و یا حتی ما، در ذهنهای خود می پرورانیم.

پادشاهی آسمان نزدیک است، اما جنس این پادشاهی فرق می کند.

ان. تی رایت در مقدمه کتاب خود از لوقا ۱۹: ۳۶ - ۳۷ نقل قول می کند که چگونه مردم به استقبال او می رفتند.

در این میان هم گروهی در سکوت نظاره گر این استقبال مردمی از عیسی، پسر داوود بودند. این افراد، رهبران قوم اسرائیل بودند. و عیسی در حالی که به اورشلیم نزدیک می شد گریه کرد[7].

آرزو ها و انتظارات رهبران به کمال می رسید اما این تحقق وعده که به آمدن مسیح موعود، پادشاه اسرائیل، نوید می داد خلاف انتظار

---

[7]لوقا ۱۹: ۴۱

آنها به نوعی دیگر جامهٔ حقیقت پوشید؛ عیسی آن مسیح موعودی نبود که می طلبیدند؛ آنها منتظر پادشاه اسرائیل بودند، مسیح موعود؛ اما عیسی ویژگیهایی که آنها از مسیح در ذهن می پروراندند، نداشت.

او مانند پادشاهان گذشته، در جلال و شکوه نمایان نشد، لباس فاخر بر تن نکرد و بر موکبی پرشکوه، در پیروزی وارد شهر داوود نگشت، بلکه چون مردی عادی سوار بر کره الاغی در فروتنی وارد شهر پادشاه شد؛ او لشکرها را برنیانگیخت تا رومیان را از اسرائیل براند، بلکه او کشته شد و پیروانش پراکنده شدند.

همهٔ ما به نحوی عیسی مسیح را می شناسیم و یا گمان می بریم که شناخت کافی از او داریم؛ نجات دهنده ای که برای گناهان ما فدا شد، پسر خدا که جلال آسمان را برای بازیافت بشر رها کرد تا جهان را فدیه بخشد؛ اما آیا این همان پاسخی است که به عیسی مسیح در پرسش "شما مرا که می دانید؟" [8]خواهیم داد؟

گاهی اوقات استفاده ای که از اناجیل می بریم بسیار سطحی و ناکافی است. همانگونه که بسیاری از ما از تمامیت قابلیت های کامپیوترهای خود در کاربرد روزانه ای که از آنها داریم، بهره نمی بریم و تنها به فرستادن ایمیل و تایپ کردن لغاتی در نرم افزار ورد و جستجوهای اینترنتی اکتفا می کنیم، به همان صورت نیز مطالعات ما از چهار انجیل ناکافی می نماید. به نظر می رسد که کلیسا تنها برای تقویت روحانی، نیز الهام گرفتن برای زندگی مسیحی برای هفته ای که در پیش است و چند بحث الهیاتی که آن هم اکثراً الهام گرفته از جایی غیر از اناجیل است، به اناجیل رجوع می کند. اگر کامپیوتر خانگی ما و اناجیل زبان داشتند، مطمئناً از اینکه به

---

[8]ترجمهٔ قدیم لوقا 16: 15

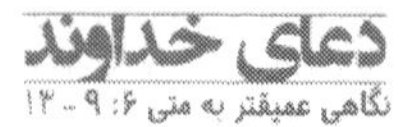

پتانیسل و گنج نهان شده در درون آنها توجه نمی کنیم، سرخورده شده، لب به اعتراض می گشودند.

به نظر می رسد که کلیسا خود را در پس پرسشهای دیگر (که مطمئناً مهم نیز هستند) پنهان کرده است و این مشغولیت باعث گشته تا آن پرسشهای اصلی تر در صدر فهرست سیاحت مسیحی ما قرار نگیرند؛ پادشاهی مسیح جایش را به روشی از زندگی بخشیده است که ما را به خود مشغول می نماید (روحانیتی فردگرا)؛ از این دریچه، صلیب مسیح تنها به وسیله ای برای آرامی وجدان ما، و رستاخیز به روزنه ای از امید برای فرار از تاریکی مرگ، تقلیل پیدا کرده است.

قوم اسرائیل انتظار کسی را داشت تا اسرائیل را بنا کند، اما عیسی مسیح مهندسی بود که با نقشهٔ خویش به میان اسرائیل آمد تا ساختمانی نو بنا کند و بنیادی جدید بنهد. آنها در انتظار شخصی بودند تا آن سرود قدیمی را که قرنها زیر لب می سرودند، با صدای بلند بسراید، اما عیسی مسیح خود آهنگساز بود و سرود تازه ای داشت، سرودی که آهنگ قدیمی، تنها می توانست پس زمینهٔ این سرود جدید باشد؛ آنها منتظر پادشاهی بودند که مانند پادشاهان گذشته، انتظارات ایشان را برآورده سازد، عیسی مسیح نیز پادشاه بود، اما آمده بود تا پادشاهی را تعریف کند و معنایی جدید به آن ببخشد.[9]

زمانی که انقلاب ۱۹۷۹ م شد، من تنها پنج سال داشتم و آن چند سال زندگی تحت پادشاهی محمد رضا شاه در ایران را به یاد نمی آورم؛ دوره ای که پدر و مادرم در آن زندگی می کردند، با آنچه بسیاری از ما در این ۳۸ سال حکومت جمهوری اسلامی تجربه

---

[9] Wright, N. T. *Simply Jesus: A New Vision of Who He Was, What He Did, And Why He Matters, by N.* . Harper One, 2011. p.2

کردیم، تفاوت بسیاری دارد؛ اما با وجود اینکه رژیم کنونی، تلاش بسیاری کرد تا تصویری کریه و نفرت انگیز از حکومت پادشاهی در اذهان نسل جدید ایجاد کند، به نظر می رسد که جوانان امروز، داستانهای نیکویی از دوران پادشاهی ایران شنیده اند که باعث شده تا نسبت به آن دوران، احساساتی داشته باشند که نتوان آن را منفی تصور کرد؛ اما آن پادشاهی هر چه بوده باشد، چه خوب و چه بد[10]، من و شما نیاز به تعریفی دیگر از پادشاه داریم. تصویری که باید معرف پادشاهی باشد، تصویری است که تنها پادشاه واقعی، یعنی عیسی مسیح به ما ارائه خواهد داد؛ پادشاهی ها و حکومتهای انسانی با تمام خوبی های شان (اگر حقیقتا نیکویی در آنها یافت شود) سیستم شکسته ای هستند که انسانهای شکسته و فرو افتاده ای مانند من و شما آنها را اداره می کنند و تا زمانی که این انسان بازیافت نشود و شکستگی هایش درمان نیابد، وضعیت دولتها از این بهتر نخواهد بود؛ اما کتاب مقدس ما را در چنین ناامیدی به حال خود رها نمی کند و نوید آن پادشاهی را می دهد که دردها را خواهد برداشت و اشکها را پاک خواهد نمود و عدل و انصاف را بر پا کرده، گرسنگان و تشنگان را سیر خواهد کرد؛ این پادشاهی، توسط شخص مسیح روی زمین برپا گشته است؛ و روزی خواهد رسید که این شکاف ژرف آسمان با زمین، با حضور خدا پر خواهد شد و ملکوت سماوی، روی زمین در تمامیتش گسترده خواهد شد.

زمانی که عیسی مسیح و متعاقب وی شاگردانش به ملکوت خدا موعظه کردند، آنها بر این عقیده بودند که این پادشاهی بُعد اُخروی و کنونی دارد؛ به معنایی آنها، خود را مژده دهندگان و جارچیان این پادشاهی می دانستند؛ آن پادشاهی آغاز شده و به زودی در آینده، یعنی زمانی که عیسی مسیح بازگشت نماید، به کمال خواهد

---

[10]منظور نویسنده با توجه به حال و هوای این متن، البته مطرح کردن و دفاع از دیدگاه سیاسی خاصی نیست.

رسید. هنوز انسانها گرسنه هستند و چشمان بسیاری از اشکها خیس می باشند. دنیای امروز از بی عدالتی ها پر است و مردم قربانی شرارت و زور می شوند؛ اما روزی خواهد رسید که در ملکوت خدا، این ناهنجاریها جایی نخواهند داشت. ملکوت آسمان مانند پیوند یک زوج است که ما این یک تن شدن را در روز عروسی جشن می گیریم. این پیوند، در مسیر تکامل و میوه آوردن است و روزی خواهد آمد که این ازدواج وارد بُعد دیگری خواهد شد؛ کلیسای مسیح هم، در انتظار روزی است که رابطه اش با داماد، وارد مرحلهٔ تازه ای گردد و ملکوت سماوی، به میوه نشیند.[11]

مسیح فرمود:

> لیکن هرگاه من به روح خدا دیوها را اخراج می‌کنم، هرآینه ملکوت خدا بر شما رسیده است. (ترجمهٔ قدیم متی ۱۲: ۲۸)

پردهٔ نهایی

ملکوت خدا رسیده، اما پردهٔ نهایی هنوز آشکار نشده است و به همین خاطر، دعوت شده ایم تا برای آمدن ملکوت خدا، در تمامیت آن دعا کنیم. تنها در آسمان (قلمرو خدا) است که پادشاهی خدا و خواست الهی به انجام می رسد و وظیفهٔ ما این است تا برای انعکاس این ملکوت در قلمرو انسانی نیز، دست بکار شویم.

---

[11] Witherington, Ben, III. *Imminent Domain: The story of the kingdom of God and its celebration.* 2009: WM. Eerdmans. p3

فرمانروایی آسمان، قلمروی بشری را شکافته است و استیلای پادشاهی آسمانی بر ما خاکیان آغاز گشته است؛ خدا از طریق مسیح، به بازیافت خلقت خویش آغاز نموده است.

در کتاب پیدایش می خوانیم:

> و خدا گفت: آدم را بصورت ما و موافق شبیه ما بسازیم تا بر ماهیان دریا و پرندگان آسمان و بهایم و بر تمامی زمین و همهٔ حشراتی که بر زمین می خزند، حکومت نماید. (ترجمهٔ قدیم پیدایش ۱: ۲۶)

شباهت انسان به خدا در انعکاس و امتداد حکومت الهی از طریق بشر بر زمین به نمایش گذاشته شد، اما طولی نکشید این ناظر که از طرف خدا به جهت امور ملکوت روی زمین گماشته شده بود، متمرد گشته، زمین را به دست دشمن بخشید؛ اما از پس آن، پسر خدا با نقشه و طرح فدیهٔ الهی و اجرای آن، به قصد باز پس گرفتن زمین و بازیافت خلقتِ سقوط کرده، روی زمین آمد؛ این نقشهٔ فدیهٔ الهی، با کفارهٔ گناهان آدمیان آغاز و در صدد خلقت انسانی نوین شد که در شباهت پسر خدا - عیسی مسیح - درآید. عیسی مسیح آن الگو و نمونه ای است که با حضور خود روی زمین، حکومت آسمانی را که در دسترس نبود، برپا نمود. استیلای فرمانروایی آسمانی، با خلق قومی نو که به مانند پسر خدا شکل یافته اند آغاز شده است.

لوقا به ما می گوید که فریسیان از مسیح می پرسند: پادشاهی خدا کِی خواهد آمد؟ و عیسی مسیح به ایشان پاسخ داد:

> پادشاهی خدا را نمی توان با مشاهده دریافت و کسی نخواهد گفت اینجا یا آنجاست، زیرا پادشاهی خدا در میان شماست. (هزارهٔ نو لوقا ۱۷: ۲۱)

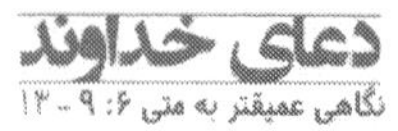

فریسیان در آن زمان اعتقاد داشتند و حتی یهودیان امروز، معتقدند که پادشاهی یهوه تنها زمانی برقرار می شود که نشانه های آن قابل رؤیت باشد؛ اگر عیسی ادعا می کند که مسیح است، بنابراین باید عدالت همه جا برقرار شده، دست استثمارگر امپراطوری روم از سرزمین اسرائیل کوتاه باشد؛ اما آنها چنین نشانه هایی را نمی یافتند؛ عیسی مسیح به آنها می گوید که اگر به دنبال چنین آیات و نشانه هایی می گردند، کاملا در خطا هستند؛ علائم این پادشاهی، ظاهر خواهند گشت و خدا عدالت را برقرار خواهد نمود اما فریسیان کافی بود تا به کارهای عیسی مسیح توجه می نمودند؛ اسیران آزاد گشتند و کوران بینا و شلان، راه افتادند و فریسیان نیز شاهد این معجزات بودند؛ ملکوت خدا از طریق مسیح در میان ایشان حاضر بود. مسیح، خطوط حکومت غیرمشروع شیطانی را در هم شکسته، به عنوان سردار لشکر آسمانی، پرچم ملکوت سماوی را روی زمین برپا کرده است و طولی نخواهد کشید که فرمانروایی الهی، تمام خلقت را در بر خواهد گرفت و ارادهٔ خدا، آن چنان که در آسمان است روی زمین نیز کرده خواهد شد. این عمل الهی امروز نیز همچنان ادامه پیدا می کند؛ پدر از طریق کار پسر، خلقتی نو برای خود می سازد. اعلان خبر خوش انجیل، انسان را از اسارت گناه و شیطان آزاد می کند و گمشدگان نجات می یابند و شکستگان شفا یافته، مردگان روحانی، از نو زاده می شوند.

بنابراین وقتی مسیح برای آمدن ملکوت خدا دعا می کند و آن را نیز به شاگردانش تجویز می نماید، سخنان پیشین و ادعای خود را در حضور فریسیان نقض نمی کند؛ ملکوت خدا در میان ما است و پادشاهی خدا آغاز گشته، اما هنوز به کمال نرسیده است. عیسی مسیح به بُعد اُخروی و کنونی پادشاهی اشاره می کند.

اما این بُعد اُخروی که از آن صحبت می کنیم به دنیای پریان و عالم فرشتگان اشاره نمی کند؛ واژهٔ آسمان با اینکه تکیه کلام بسیاری از ما مسیحیان است، اما یکی از مفاهیمی است که گاه درست فهمیده نمی شود؛ چیزی که بسیاری از ما به آن توجه نمی کنیم این است که آسمان، هرگز مقصد نهایی یک ایماندار برای زندگی ابدی معرفی نشده است.[12] کتاب مقدس از عبارت رستاخیز مردگان به جهت تعریف این حیات تازه بهره می گیرد. زمانی که ایمانداران برای حیات ابدی از مردان برخواهند خاست، صاحب بدنهای تازه ای خواهند شد و بر زمینی تازه به زندگی خود ادامه خواهد داد. پیکر و زمینی که همانند بدن و دنیای کنونی است، اما با کیفیت و خصوصیتی والاتر.

اینکه مقصد نهایی ایمانداران، دنیایی باشد که ایشان فاقد بدن بوده، خارج از مکان و زمان به نوعی از حیات ادامه دهند، برای کتاب مقدس موضوع غریبی است.

یک مسیحی پس از گذشت سالیان طولانی در ایمان، به صورت خودکار، واژه نامه ای را از باورهای خود پرورش می دهد که اشاره به باور قلبی او دارد؛ اما در طی زمان، عمق معانی این کلمات از دست رفته، استفادهٔ آگاهانه از این «واژه نامهٔ ایمانی» رخت بر می بندد. نگاه ما به آینده، دنیای بعد از مرگ، آسمان و بهشت نیز، از چنین خطری مصون نمی باشد، چنانکه در محاورات و حتی مناجات روزانهٔ خود به سادگی از این اصطلاحات مسیحی به وفور استفاده می کنیم و این در حالی است که غالباً ژرفای معانی این کلمات مورد نظر و توجه ما نیستند. تنها کافی است در این خصوص هوشیار بوده، بر سخنان خود دیده بانی کنیم، آنگاه در کمال حیرت و ناباوری شاهد بروز تعارض در آدای ایمان خود نیز خواهیم بود.

---

[12] Ibid p49

سرودهای مسیحی که در پرستش های خود می سراییم گویای این مطلب است:

من عازم سمایم وطن عزیز

گرچه راهم تاریک است ز مِحنت لبریز

زحمتم کوتاه است لحظه ای بیش نیست

خداوندا حفظم کن تا رِسم آنجا

خداوندا حفظم کن تا رِسم آنجا

با حسرت به روی عیسی می نگرم

ز غم دنیا آزاد شود روحم

همراه مومنین همی سرایم

خداوندا حفظم کن تا رِسم آنجا

خداوندا حفظم کن تا رِسم آنجا

هر زمان از بهشت و جهنم سخن می رانیم، نخستین تصویری که در اذهان بسیاری نقش می بندد، مکانی جغرافیایی است که هالکین به پایین، در جهنم و نجات یافتگان به بالا در آسمان خواهند رفت؛ شاید برخی این سخن را رد کرده، بگویند: آسمان مکانی جغرافیایی نیست بلکه مکانی کاملاً روحانی است که یک ایماندار پس از مرگ، از جسم خاکی خود آزاد شده، روح او وارد این بُعد روحانی می گردد که آن را سما یا آسمان می خوانیم.

شاید یکی از دلایلی که چنین پیش فرضهای نادرستی در باور ما وجود دارد، عدم آشنایی با ادبیات عبری و الهیات کلام در تمامیتش می باشد؛ خواننده در مطالعهٔ کتاب مقدس با آیاتی روبرو می شود که در ظاهر اشاره به مکانی روحانی می کند که خارج از سه بُعد زمان، مکان و ماده می باشد.

به عنوان مثال، عیسی مسیح در اناجیل بارها در مورد "پادشاهی خدا" صحبت می کند که متی، نویسندهٔ انجیل آن را در قالب کلمات "ملکوت آسمان" به ما ارائه می دهد؛ کلمهٔ آسمان، معمولا برای ما فوراً تصویری از یک فضای روحانی، خارج از دنیای سه بُعدی ترسیم می کند؛ مکانی که یک ایماندار سرانجام بدان ختم خواهد شد؛ اما غافل از اینکه این عبارت به هیچ وجه اشاره ای به دنیای ماوراءالطبیعه نمی کند بلکه آنچه با توجه به فرهنگ یهود، عیسی در ذهن خود داشت، اعلام پادشاهی و یا حاکمیت مطلق خدا بوده که باید روی زمین آنچنان که در آسمان است به انجام رسد. باید به یاد داشته باشیم که متی نویسندهٔ یهودی این انجیل، در نوشتن مژدهٔ نجات برای یهودیان از کاربرد اسم خدا (به دلیل حرمت آن) اجتناب ورزیده، آن را با واژه ای چون *آسمان* جایگزین می کند.

مضاف بر قرائت سطحی کتاب مقدس و عدم آشنایی با ادبیات و فرهنگ عبری، نفوذ فلسفهٔ افلاطونی نیز در این خصوص بی تاثیر نبوده است؛ نفوذ چنین فلسفهٔ یونانی ای در ایمان مسیحی، بسیاری را به این تصور واداشته که یک مسیحی باید از دنیای حاضر و از بدن بی ارزش خویش رها شده، در عالم روحانی به خدای خود بپیوندد؛ این خزینهٔ خاکی در اذهان بسیاری مانعی بر سر روحانیت و

وصلت به معشوق ازلی بوده، لذا امید بر آن دارند که از قفس این تن بگریزند[13].

شاید پذیرش این مطلب برای برخی دشوار باشد اگر بگوییم چنین باور غیرکتاب مقدسی که امروز هم در بسیاری از جوامع مسیحی حاکم است (به عقیدهٔ من ناشی از جهالت است و نه سرکشی آگاهانه ضد اصول کلام)، متاثر از اعتقاد شیطانی *ناستیکی* است که در قرون اول و دوم میلادی چون خاری بر تن رسولان خداوند، آنها را می آشفت. باور ناستیسیزم[14] که البته به جهت تنوع اعتقادات آن، به سختی بتوان برایش تعریفی یکپارچه ارائه داد، معتقد بود که بدنی که ما در مالکیت خود داریم، در ذاتش شر بوده، مانع روحانیت و رشد روحانی مان می باشد. مرگ برای این گروه، فرصتی برای فرار از این قفس ننگین به حساب آمده، معتقد بودند که روحهای ما در آزادی در عالم روحانی به وصال خدای راستین خواهد رسید.

---

[13] واژهٔ "دنیا" که در فارسی نیز به کار می بریم در اصل به همین معنای پَستی جهان اشاره دارد؛ چنانکه نزد صوفیه نیز جهان کثیف و تاریک بوده است؛ ظاهرا حافظ نیز در آنجا که می گوید: ما بدین در نه پی حشمت و جاه آمده ایم /// از بد حادثه اینجا به پناه آمده ایم؛ اشاره به مذمت همین دنیا دارد؛ برای کمی تفصیل بیشتر، ر.ک شمیسا، سیروس؛ فرهنگ اشارات ادبیات فارسی؛ تهران: انتشارات فردوس، چاپ اول، ۱۳۷۷، جلد اول، ص ۴۸۲.

[14] Gnosticism ، که به فارسی گاه به گنوسی یا گنوسیسم ترجمه شده است، در ادبیات عرفانی فارسی معنایی متفاوت با آن چیزی دارد که در این مقاله مدّ نظر من است؛ این معنای دوم، مطابق با مکتبهای اشراقی و عرفانی و برخی مکاتب دیگر در ایران سده های نخستین هجری قمری است؛ برای تفصیل بیشتر ر.ک منزوی، علینقی؛ نامه های عین القضات همدانی؛ تهران: انتشارات اساطیر، چاپ اول، ۱۳۷۷، جلد سوم، ص ۱۴۸.

تصحیح دو باور

کتاب فیلیپان در باب ۳ آیات ۲۰- ۲۱ به نکتهٔ مهمی اشاره می کند که فهم درست این در متن تاریخی آن سرزمین، مهر تاییدی بر ادعاهای فوق می نهد، اما متاسفانه این بخش نیز تبدیل به یکی از تفسیرات ناشیانهٔ کلیسا شده، در جهت تایید این باور که مقصد نهایی ما آسمان است خدمت می کند.

فیلیپی یکی از مستعمرات روم بود و آگوستس پس از جنگی که در سال ۴۴ قبل از میلاد مسیح در این منطقه به وقوع پیوست، سربازان بازنشستهٔ ارتش خود را در این ناحیه ساکن نمود[15]؛ شاید یکی از دلایلی که او را به مستعمره کردن مناطق مجبور می کرد دور نگاه داشتن سربازان رومی بود که بخاطر جنگ به خونریزی و خشونت عادت کرده بودند و می بایست با سکونت ایشان در این مناطق استعماری، روم را از خطر فساد آنها مصون نگاه می داشت؛ افزون بر این، فرصتی نیز به روم داده می شد تا فرهنگ این امپراطوری را از طریق این افراد به سرزمینهای دور دست اشاعه دهد.

شهروند روم بودن به سکونت در روم محدود نمی شد بلکه یک شهروند می توانست در فیلیپی زندگی کرده اما از حقوق و مزایای کامل یک رومیِ ساکن روم بهره ببرد. حال با در نظر داشتن چنین زمینهٔ تاریخی، پولس رسول به کلیسای فیلیپی که از نفوذ روم در آن آگاه بود، نامه می نویسد و با یاری جستن از مفهوم شهروندی که برای این گروه آشنا بود، می گوید که ما شهروندان آسمان هستیم؛

---

15 Wright, N. T. *Surprised by Hope: Rrthinking Heaven, The resurrection, and the mission of the Church*. Harper one, 2008. p100- 101

هر چند در آسمان زندگی نمی کنیم ولی پادشاه سماوی، عیسی مسیح از بالا به زمین آمده است تا آن را مستعمرۀ آسمان گرداند. هر چند سما از زمین دور است ولی قوانین آسمان بر کسانی که تحت حاکمیت پادشاه درآمده اند حاکم است. این بدان معنی نیست که ما بدن خود و زمین را ترک کرده، راهی آسمان هستیم بلکه به این معنی است که عیسی خواهد آمد تا شرایط ما را تغییر دهد؛ او بدنهای کنونی ما را تبدیل به بدنهای جلال یافته خواهد کرد. کلمۀ کلیدی که باید به آن توجه کامل داشت "تبدیل شدن" است.

شاید بتوان به یکی دیگر از بخشهای کتاب مقدس که برداشت سطحی و ناشیانه اش، باورهای نادرستی را ایجاد کرده، اشاره کرد؛ در بابهای چهار و پنج کتاب مکاشفه با بیست و چهار پیر روبرو می شویم که تاجهای خود را به حضور «آن تخت نشین» انداخته، او را می پرستند؛ مطمئن هستم که این تصویر را نیز در یکی از سرود های کلیسایی در باب آسمان و بهشت می توانید بیابید؛ اما جالب است بدانیم که این منظرۀ آسمانی، در آینده به وقوع نمی پیوندد بلکه این تصویر عالم روحانی در زمان حال در دنیای کنونی ما است؛ واقعیتی که هم اکنون نیز وجود دارد ولی در پشت دنیای فعلی و ملموس ما پنهان می باشد. هر دو عالم، آفریدۀ خدا بوده، و فدیه دهنده نیز روزی این دو را به هم متصل کرده، در هم ادغام خواهد کرد. اگر بابهای ۲۱ و ۲۲ همین کتاب را مطالعه نماییم، متوجه می شویم که ایمانداران پس از مرگ، روحهای سرگردانی که در دنیای روحانی معلق باشند نیستند، بلکه این وعده برای ما باقی است که اورشلیم سماوی با زمین پیوند خواهند خورد.

کلام خدا وعده می دهد که روزی برگزیدگان زنده خواهند گشت و به آنها بدنهای نویی بخشیده خواهد شد؛ ما در این تبدیل، شاهد پیوستگی از حیات پیشین خود روی زمین خواهیم بود بطوریکه هویت مان بدون تغییر باقی مانده، هر نَفْسْ در هوشیاری از

موجودیت خود، وارد این مرحلهٔ با شکوه از حیات می گردد. اما در عین حال شاهد عدم پیوستگی[16] از حیات سابق خود نیز خواهیم بود، بطوریکه بدنهای ما مبدل خواهد گشت. عبارت تبدیل بدنها، خود نماینگر تحول از یک وضعیت به وضعیت کاملاً جدیدی است؛ اما عدم پیوستگی در خصوص ماهیت بدنهای ما می باشد که بگونه ای، دارای جوهر متفاوتی خواهد بود که ما آن را به نام *بدن جلال یافته* می شناسیم.

در اعتقادنامهٔ رسولان می خوانیم:

"من ایمان دارم به خدای پدر قادر مطلق، خالق آسمان و زمین،

و به پسر یگانهٔ او، خداوند ما عیسی مسیح.

ایمان دارم به این که او به واسطهٔ روح‌القدس در رحم قرار گرفت و از مریم باکره متولد شد.

او در حکومت پُنطیوس پیلاطس رنج کشید و مصلوب شده، مُرد و مدفون گردید

و به عالم مردگان نزول فرمود و در روز سوم از مردگان برخاست

و به آسمان صعود نموده، به دست راست خدای پدر قادر مطلق نشسته است؛

و از آن جا برای داوری زندگان و مردگان باز خواهد گشت.

---

[16] اینکه من هم از عدم پیوستگی سخن می گویم و هم از پیوستگی، به گمانم بی نصیب از پارادوکس ایمان نیست؛ در واقع، وضعیت ایمانی مگر چیزی جز این است؟ از این دریچه تاکید بیش از حد بر کرانه ای از این وضعیت های آخرالزمانی بی شک ما را از کرانه هایی دیگر و افق های معنایی دیگر بی بهره خواهد نمود. از این روی مایلم این را نیز بیفزایم که من همچنان با احتیاط دریچه های گشوده شده به سمت افق های دیگر معنایی را نخواهم بست هر چند در این نوشتار خود را مقید به ارائهٔ آن دسته از دیدگاه هایی می دانم که آنها را به متن کتاب مقدس وفادارتر می یابم.

من ایمان دارم به روح‌القدس،

و به کلیسای مقدس جامع و به شراکت مقدسین

و به آمرزش گناهان

و به رستاخیز بدن‌ها

و به حیات جاودان."

این اعتقادنامه که انعکاس تعالیم کتاب مقدس می باشد، باور کلیسای جامع مسیح است. مسیح به دست راست خدای پدر در قدرت و جلال نشسته است و روزی باز خواهد گشت و به همراه بازگشت دوبارهٔ وی، مردگان زنده خواهند شد. این رستاخیز، احیای بدنهای مومنین خواهد بود که ایشان را آمادهٔ زندگی نو و جاودان می سازد.

پولس رسول می فرماید:

> لیکن ای برادران این را می‌گویم که گوشت و خون نمی‌تواند وارث ملکوت خدا شود و فاسد، وارث بی فسادی نیز نمی‌شود. همانا به شما سِرّی می‌گویم که همه نخواهیم خوابید، لیکن همه متبدل خواهیم شد. در لحظه‌ای، در طُرفه العینی، به مجرد نواختن صور اخیر، زیرا کرنا صدا خواهد داد، و مردگان، بی فساد خواهند برخاست و ما متبدل خواهیم شد. زیرا که می‌باید این فاسد بی فسادی را بپوشد و این فانی به بقا آراسته گردد. اما چون این فاسد بی فسادی را پوشید و این فانی به بقا آراسته شد، آنگاه این کلامی که مکتوب است به انجام خواهد رسید که مرگ در ظفر بلعیده شده است. (ترجمهٔ قدیم اول قرنتیان ۱۵: ۵۰ – ۵۴)

و او در آیات پیشین به ما یاد آور می شود که این اتفاق پر جلال با بازگشت ثانوی مسیح به تحقق می رسد؛ توجه داشته باشید که پولس رسول در اشاره به این پردهٔ نهایی، صحبت از ملکوت خدا می کند. و او در آیات ۲۳ تا ۲۸ از همان باب می گوید:

> لیکن هر کس به رتبهٔ خود؛ مسیح نوبر است و بعد، آنانی که در وقت آمدن او از آنِ مسیح می‌باشند. و بعد از آن انتهاست وقتی که ملکوت را به خدا و پدر سپارد. و در آن زمان تمام ریاست و تمام قدرت و قوّت را نابود خواهد گردانید. زیرا مادامی که همهٔ دشمنان را زیر پایهای خود ننهد، می‌باید او سلطنت بنماید. دشمن آخر که نابود می‌شود، موت است. زیرا «همه چیز را زیر پایهای وی انداخته است». اما چون می‌گوید که «همه چیز را زیر انداخته است»، واضح است که او که همه را زیر او انداخت، مستثنی است. اما زمانی که همه مطیع وی شده باشند، آنگاه خود پسر هم مطیع خواهد شد او را که همه چیز را مطیع وی گردانید، تا آنکه خدا کلّ در کلّ باشد (ترجمهٔ قدیم ۲۳- ۲۸)

خدا بر آن نیست تا پادشاهی خود را تنها محدود به آسمان نموده، از آنجا فرمان های الهی خود را بر بنی آدم صادر نماید. خدا روی زمین، پادشاهی خود را استوار خواهد نمود. در پردهٔ نهایی، آسمان و زمین پیوند خورده، نکاحی مقدس بین این دو عالم انجام خواهد پذیرفت.

پادشاهی خدا با مرگ ما و ورودمان به عالم برین به کمال نمی رسد، بلکه زمانی این سلطنت در تمامیت خود جلوه خواهد یافت، که مسیح بازگشت نموده، ایمانداران از مردگان رستاخیز یافته، در زمین تازه ای که خلقت نوین خدا می باشد، به زندگی ابدی خود در حضور سلطان عالم ادامه دهند. زمانی که دعا

می کنیم، ملکوت تو بیاید و ارادهٔ تو آنچنان که در آسمان است بر زمین نیز کرده شود، توجه و آرزوی ما، بازگشت مجدد مسیح است.

پرسشی اساسی

پرسشی که به نظرم اکنون زمان مناسب برای پاسخ گویی بدان است این است که آیا من در این میان سهمی نیز دارم و یا باید تنها به دعا بسنده کنم؟ آیا این دعا، بُعدی عملی نیز دارد؟

بنیادی ترین حقیقتی که این دعا به ما می آموزد این است که برای آمدن این پادشاهی باید دعا کرد؛ این دادخواست باید به حضور او که تواناست بالا برده شود. نزول و گسترش این ملکوت، به قوّت و قدرتِ طرح ها و نقشه های انسانی انجام پذیر نمی باشد و قبل از هر چیز باید خدا وارد عمل شده، دست خود را در به کمال رساندن این وعده دراز نماید.

کلیسا که سفیر مسیح است نقش فعال و رنگینی در این میان دارد، اما باید متوجه بود که ملکوتی کردن این دنیا، با زور و اِعمال فشار و تهدید کردن جامعه ای که در آن زندگی می کنیم امکان پذیر نیست.

مسئولیت و تکلیفی که بر دوشهای مان در این خصوص نهاده شده است، به معنای تلاش در برقرار نمودن پادشاهی خدا از طریق مسیحی ساختن ساختار حکومتی کشورها نیست.

بیاد داشته باشیم که با مرگ و قیام مسیح، پادشاهی خدا، آمده است. عیسی پیش از اینکه از این تجربهٔ دهشتناک عبور کند و جان خود را روی صلیب به جهت گناهان جهان از دست دهد، از نزدیکی ملکوت آسمان صحبت می کرد؛ اما اکنون، ماموریت به کمال رسیده است و مسیح کار فدیه را به انجام رسانده، خود را به عنوان قربانی تقدیم نموده است. پادشاهی، برقرار است و الان فرصت آن رسیده

تا به این ملکوت وارد شویم. زمان آن رسیده است تا همان نصیحت مسیح به شاگردان را آویزهٔ گوش خود کرده، به قوت روح خدا، شاهدان وی در سرتاسر جهان باشیم.

آنچه بر ما واجب است، دعوت مردم به ورود به این ملکوت می باشد؛ باید به اورشلیم ها رفت، به ناصره ها و به اقصای جهان سفر کرده، اعلان نماییم که مسیح آمده است، پادشاه آمده است. او بر تخت سلطنت خود جلوس نموده، آدمیان را به جشن ملوکانهٔ خود دعوت نموده است. من و شما ایلچیان و سفیران مسیح هستیم که ماموریت گسترش این ملکوت از طریق اعلان خبر خوش، یعنی انجیل، دغدغهٔ روزانهٔ ماست.

ملکوت خدا، آن اصل و موضوع مهمی است که از عهد عتیق تا جدید ادامه می یابد.[17] خدا ملکوت خود را در کتاب پیدایش در باغ عدن، بر پا می کند و وظیفهٔ نظارت و گسترش آن را به آدم و حوا و متعاقباً به قوم اسرائل و امروز به کلیسای خود بخشیده است.

خدا آمده است، پادشاه آمده است و هرچند بسیاری، همچون پیلاطس، پادشاهی او را دیده و رد نمودند[18]، اما او همچنان سلطان است و قوم ملوکانه اش، پرچمداران وی، تا به روز آخر، پادشاهی او را اعلان خواهند نمود؛ لوقا به ما می گوید:

> ... به کوچه های آن شهر بروید و بگویید: ... بدانید که پادشاهی خدا نزدیک شده است. (هزارهٔ نو لوقا ۱۰: ۱۰ـ ۱۱)

همانگونه که پادشاهی خدا به قلوب مؤمنین آمده است، به همان قِسم نیز باید انجیل مسیح را بی آلایش موعظه نمود تا روح خدا،

---

[17] Sproul, R. C. *The prayer of the Lord.* 2009: Reformation Trust Publishing. p42

[18] یوحنا ۱۸: ۳۳ـ ۳۷

دنیای پژمرده و شکستهٔ ما را لمس نموده، قلوب برگزیدگان را، تبدیل به تخت پادشاهی آن سلطان نماید. مسیح به نیقودیموس فرمود:

> ... آمین، آمین به تو می گویم، اگر کسی از سر نو مولود نشود، ملکوت خدا را نمی تواند دید (ترجمهٔ قدیم یوحنا ۳: ۳)

وظیفهٔ من و شما اعلام و اعلان خبر خوش انجیل است و معجزهٔ خدا، آن نوزایی است که از آسمان واقع می شود. توانایی و مسئولیت کلیسا این است تا در انعکاس خبر آمدن پادشاه و انجیل خدا، در امانت به کار مشغول بوده، با ایمان نظاره گر کار روح خدا باشد که برگزیدگان را از نو حیات می بخشد.

و در آن زمان است که آنانی که به کار نجات بخش مسیح اعتماد کرده، از نو زاده شده اند می توانند وارد این پادشاهی شوند؛ چنین است که ملکوت خدا از طریق ایشان و در میان ایشان گسترده تر از پیش می گردد.

> ... آمین، آمین به تو می گویم که اگر کسی از آب و روح مولود نگردد، ممکن نیست که داخل ملکوت خدا شود. (ترجمهٔ قدیم یوحنا ۳: ۵)

جان کالوین می گوید که پادشاهی خدا که از دیدهٔ دنیا مخفی است توسط کلیسایش آشکار می گردد. کلیسا با توبه، تعهد، جستجوی حقیقت و نور و اعتماد به خداست که این توانایی را می یابد که ملکوت سماوی را به زمینیان اعلان نماید؛ [19] تنها آن زندگی که از مسیر گذشتهٔ خود بازگشت نموده، در راستای ارزشهای الهی در حرکت است، می تواند با این پادشاهی آشنا شود. آنانی که وارد

---

[19] John Calvin . *Institutes of the Christian Religion*. Translated by Henry Beveridge. Third Book. Henrickson Publishers, Inc, 2008. p20-42

این ملکوت می شوند، در پی شناخت آن کوشا خواهند بود و در طلب شناخت حقیقت، زندگی خویش را وقف کرده، در تعهد و اعتماد به این پادشاه، به پیش خواهند رفت. این زندگی، ارزشهای ملکوت و صورت پنهان پادشاهی آسمان را بر دنیای خاکی و متمرد آشکار خواهد نمود؛ و اما بسیاری مانند پیلاطس آن را به سُخریه گرفته، گروه اندکی نیز به آن لبیک خواهند گفت. شب به پایان رسیده است و آفتاب در حال طلوع است؛ شیطان و پیروانش تقلاهای آخر را می کنند و کج خلقی ها و اوقات تلخی های ایشان، بسیاری را آزار خواهد داد، اما طلوع خورشید حقیقت، دیر و زود دارد ولی سوخت و سوز ندارد.

جان کروسان به بُعد همکاری و همدستی انسان و خدا در گسترش ملکوت آسمان اشاره کرده، می گوید که عملکرد انسانی که توسط روح خدا مجهز و فعال است، با کار خدا همنوازی دارد؛ این دو، دو روی سکه هستند؛ خدا عمل می کند و انسان نیز توسط قدرت الهی، در گسترش ملکوت خدا همکار است.

او می گوید:

ملکوت خدا، بدون همکاری انسان، شروع نشد، نمی تواند ادامه پیدا کند و هرگز به کمال نخواهد رسید؛ ملکوت خدا تنها با مداخلهٔ مستقیم الهی اتفاق نمی افتد. بخش اول دعای خداوند (ربانی) به این مسأله اشاره دارد که انسان در انجام آن نقشی اساسی دارد.[20]

به قول جان کالوین، ملکوت پنهان خدا توسط کلیسا مرئی می گردد.

جی. *آی.* پکر به زیبایی یادآور می شود که هرگاه دعا می کنیم که نام تو مقدس باد، ملکوت تو بیاید و ارادهٔ تو، آنچنان که در آسمان

---

[20] Crossan, John Dominic. *The Greates Prayer:Rediscovering the Revolutionary Message of The Lord's Prayer*. 2010: Harper One. p94

است، بر زمین نیز کرده شود، باید در اذهان خود عبارت "در من و از طریق من" را به این دعاها بیفزاییم.[21]

این دعا پیش از اینکه درخواست تغییر دنیا باشد، دادخواستی است به جهت تغییر من و شما.

باید که لهجهٔ کهنم را عوض کنم

این حرفِ مانده در دهنم را عوض کنم

یک شمعِ تازه را بسرایم از آفتاب

شمع قدیم سوختنم را عوض کنم[22]

هر وقت به خدا می گوییم که ارادهٔ تو کرده شود، باید دعای استاد خود را به یاد آوریم که اینگونه با پدر خود مناجات نمود:

> ... نه به خواهش من بلکه به ارادهٔ تو (ترجمهٔ قدیم لوقا ۲۲: ۴۲)

ادای چنین دعایی، در حقیقت اطاعت از درخواست منجیمان است که به ما فرمود:

> ... اگر کسی بخواهد مرا پیروی کند می باید نفس خود را انکار نموده، صلیب خود را هر روزه بردارد و مرا متابعت کند. (ترجمهٔ قدیم لوقا ۹: ۲۳)

به زبان آوردن این دعا یعنی: خداوندا، من آماده هستم تا شخصیتم را بسازی و سیرتم را تبدیل نمایی.

---

[21] Packer, J. I. *Praying The Lord's Prayer* . Crossway, 2007. p56

[22] علی داوودی

بشکن این پوستهٔ سخت من

ای خدا به روح خود

فیض عطا نما تا غالب شوم

گردد این [نفس][23] من زبون

این دعا به این معناست که من آماده ام تا اولویت های زندگی ام جابجا گردند و ارزشهای گرانبهایم بازنویسی شوند؛ این دعا به این معناست که من غلام هستم و تو ارباب، من شاگردم و تو استاد؛ این دعا به این معناست که همچون خداوندم که به جهت گناه از مرگ می هراسید، و با این وجود مطیع خواست پدر آسمانی شد؛ من هم هراس و اضطراب از دست دادن هر آنچه را که برایم عزیز است، زیر پا خواهم نهاد و خود را به خواست الهی خواهم سپرد.

دوستان! ما در دنیایی زندگی می کنیم که برای مدت کوتاهی شیطان، بر آن چیره گشته، آنانی که او را پیروی می کنند (تقریبا تمام دنیا) بر ما ریشخند خواهند زد. ارزشهای ملکوت آسمان با آنچه مخالفین آن به این دنیا عرضه کرده اند، همسو نیستند؛ وفاداری و تابعیت یکی، به معنای اعلان جنگ با دیگری است.

دوستی دنیا دشمنی خداست...

---

[23]واژهٔ اصلی در این سرود، تن است که تنها به جهت همسو نمودن متن شعر با الهیات خود و بستر موضوع، آن را به نفس تغییر داده ام.

اراده

پیش از اینکه این فصل را به پایان برسانم اجازه دهید تا کمی بیشتر در خصوص این پادشاهی آسمانی با شما صحبت کنم و با هم به معنا و مفهوم آن بیشتر اندیشه کنیم.

لازم می دانم به نکته ای دیگر نیز اشاره نمایم؛ منظورم تامل در باب این حقیقت است که این زمین زیبا، خانهٔ من و شماست. دیدیم که این طرز تفکر که روزی با این کرهٔ خاکی وداع خواهیم گفت و به وطنمان (سما) خواهیم رفت، اساس کتاب مقدسی ندارد؛ به همین جهت حفظ و نگهداری از این خلقت زیبا، یکی از وظایف مهمی است که ایمانداران مسیحی باید خود را در آن فعال و سهیم بدانند؛ محیط زیست ما، شایستهٔ حفظ و پاسبانی است. آسمان، خانهٔ نهایی ما نیست بلکه مکانی موقتی است که پس از مرگ و پیش از رستاخیز ابدان، در آنجا سکونت خواهیم داشت.

در طی بیست سال گذشته که در بین جامعهٔ مسیحی فارسی زبان خدمت کرده ام، در باب موضوعات بسیاری تعلیم داده، پرسشهای بی شماری در خصوص آموزه های متنوع الهیاتی از من پرسیده شده است؛ اما یکی از پرسش هایی که بیشتر از هر چیز مطرح می شد و به نظر می رسید که برای جمع بزرگی از مسیحیان، تبدیل به کشمکش مستمری گشته، فهمیدن ارادهٔ خداست؛ این پرسش با این گزاره ها مطرح می شود که :

ارادهٔ خدا برای من چیست؟

خدا از من چه می خواهد؟

وظیفهٔ من به عنوان نمایندهٔ مسیح، در این جامعهٔ سردرگم چیست؟

موسی در کتاب تثنیه، به قوم اسرائیل می گوید:

چیزهای مخفی از آن یهوه خدای ماست و اما چیزهای مکشوف تا به ابد از آن ما و فرزندان ما است، تا جمیع کلمات این شریعت را به جا آوریم. (ترجمهٔ قدیـــم تثنیه ۲۹: ۲۹)

آنچه موسی به آن اشاره می کند، ارادهٔ مخفی الهی است که انسان از آن واقف نیست؛ خدا پادشاه آسمان و زمین است و در حاکمیت الهی خویش، مقصود خود را مقدر نموده، آن را به کمال می رساند.

اشعیا به ما یادآور می شود:

انتها را از ابتدا بیان می کنم و آنچه را که هنوز نشده، از قدیم می گویم: تدبیر من برقرار خواهد ماند، و تمامی خشنودی خود را به جا خواهم آورد (هزارهٔ نو اشعیا ۴۶: ۱۰)

به عبارتی: تمام آنچه را که خواسته ام به وقوع خواهد پیوست.

الهیات دانها این بُعد از ارادهٔ الهی را ارادهٔ مقدّرانهٔ خدا می نامند.[24]

خدا در انجام تدابیر الهی خود با انسان مشورت نمی کند؛ او در برپا داشتن قصد قدوس و ملوکانهٔ خویش، مخلوقات خود را آگاه نمی سازد. پولس می گوید که خداوند حکم خود را به طور نهایی و بی تامل بر زمین اجرا خواهد کرد (رومیان ۹: ۲۸) و او برای به کمال رساندن آن، به من و شما نیازی ندارد.

اما متنی که سخنان موسی در باب ارادهٔ حاکمانه و مقدّرانهٔ الهی به زبان می آورد شایستهٔ توجه است؛ او در حالی که قوم را به اطاعت از فرمانها و شریعت خدا می خواند، همچنین نیز یادآور می شود تا آنها به یاد داشته باشند که این خدایی که دستورها و

---

[24] Decretive will of God

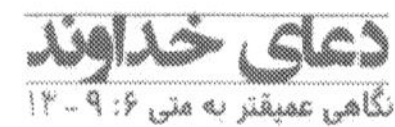

ارادهٔ آشکار وی بر ایشان نمایان گشته، خدای قادر مطلق و سلطانی همیشگی است.

با اینکه ارادهٔ آشکار وی که در حقیقت مجموعهٔ شریعت و قوانین مذهبی است[25] که پیشتر به قوم بخشیده شد و می تواند به دست انسان شکسته شود[26]، اما ارادهٔ حاکمانه و مقدّرانهٔ وی، مقاومت ناپذیر است.

زمانی که عیسی، از ارادهٔ خدا صحبت می کند، مسلما منظور وی، ارادهٔ مقدّرانهٔ خدا نمی باشد زیرا که از شهادت کتاب مقدس می دانیم که تقدیر الهی مقاومت ناپذیر است و خواست آن قدوس، بی چون و چرا به انجام خواهد رسید.

اعتقادنامهٔ وست مینیستر در فصل سوم می گوید:

> خدا از ازل از طریق مصلحت حکیمانه و قصد کاملاً مقدّس خود، به طور آزاد و غیر قابل تغییر، هرچیزی را که به وقوع مي پیوندد مقدّر می فرماید.[27]

از ساختار جمله مشخص است که اراده ای که مسیح از آن سخن می راند، تنها در آسمان به کمال می رسد و به نظر می رسد که زمین و زمینیان، سر ناسازگاری دارند و ضد این پادشاه به پا خاسته اند. بله، فرشتگان آسمان و آنانی که از این دنیا وداع نموده اند و در انتظار بدنهای جلال یافتهٔ خویش می باشند[28]در اطاعت کامل از فرمانهای الهی زندگی ابدی خود را سر می کنند،

---

[25]الهیات دانها به ارادهٔ فرمان دهندهٔ الهی که بر انسان معلوم است، به انگلیسی Preceptive Will of God می گویند.

[26]به همین خاطر است که موسی به آنانی که از شریعت الهی تجاوز می کنند، هشدار می دهد که عواقب خطرناکی در انتظار آنها خواهد بود.

[27]اعتقادنامهٔ وست مینیستر ترجمهٔ شهید کشیش طاطه ووس میکائلیان. انتشارات جام. ص ۱۵

[28]مقدسینی که مرده اند.

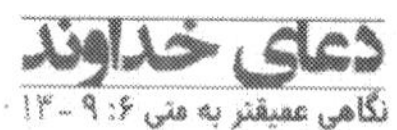

اما ملکوت آسمان در دنیای خاکیان، چندان طرفداری ندارد؛ خواست الهی در آسمان به جا آورده می شود اما آیا خدا از زبان اشعیای نبی نگفت که:

... آسمان تخت پادشاهی من است و زمین کرسی زیر پایم! (هزارۀ نو اشعیا ۶۶: ۱)

ارادۀ ملوکانه بر من و شما آشکار است؛ آیا می شنویم؟

ای خاکیان ای خاکیان یک لحظه سربالا کنید

وز دیدۀ بینا نظر بر شاهد یکتا کنید

ای خاکیان ای خاکیان با خاک بازی تا به کی؟

بندید چشم از آب وگِل دل مظهر اسما کنید[29]

وظیفۀ من و شمایی که آسمانی شده ایم و ردای دربار بر تن ما شده، این است که در میان این دنیای طغیانگر، چون پادشاه خود، مسیح باشیم. ما خوانده شده ایم که مسیحی باشیم. کتب عهد عتیق، این عیسی ناصری را مسیح[30] می خواند (مسح شده) و مسیح از ما می خواهد که گفتار و کردار ما شایستۀ نام عزیز وی باشد. دنیایی که در آن فرستاده شده ایم، قلمرویی است که ارادۀ خدا در آن کرده نمی شود، در غیراین صورت خداوند به ما نمی گفت که چنین دعا کنید: ارادۀ تو چنانکه در آسمان است، بر زمین نیز کرده شود.

---

[29]حکیم محیی الدین مهدی الهی قمشه ای.

[30]این لقبی است که در کتب عهد عتیق به پادشاهان داده می شد.

مردم این دنیا، طالب ملکوت خدا نیستند، و پادشاهی آسمان را نمی جویند و نام او را مقدس نمی شمارند؛ بنابراین بر من و شماست که با اطاعت و سرسپردگی، مسیح وار زیست کنیم.

و زمانی که از طریق پسر با پدر در مشارکت زنده قرار می گیریم و در این دوستی رشد کرده، سیرت مسیح بر چهرهٔ ما نقش می بندد، ارادهٔ خدا نیز از طریق ما، آنچنان که در آسمان است بر زمین نیز کرده می شود؛ اما پیش از هر چیز، باید دعا کرد؛ باید اشتهای این رابطهٔ عاشقانه شدیدتر شود.

فصل چهارم

نان کفاف/روزانه ما را امروز به ما بده.

نان روزانه

گمان می کنم پس از اینکه در درک خود از دادخواستهایی که مسیح به ما عرضه داشته، عمیق شدیم؛ این فهم، الگویی را عرضه خواهد کرد که ما را در فهمیدن ادامۀ این دعا یاری خواهد داد.

بنیادی ترین نکته ای که در تلاش بودم تا در آیات (دعا) پیش تاکید کنم، دو بُعدی بودن آنها بود؛ ثنویتی که ما را نه چنان زمینی ساخته است که لمس آسمان را نادیده انگاریم و نه چنان ما را سماوی کرده است که خاکی بودن خویش را منکر گردیم؛ نه باید کفۀ افلاکی و آسمانی ترازوی این دعای خداوند(ربانی) را با فروکوفتن

عالم حاضر بالا برد و نه باید، صورتی بی ماده از این سیاحت روحانی تصور کرد.

برخی از پدران کلیسا گمان می بردند که دعا برای نان زمینی، یعنی نیازهای روزمره، امری کوچک و خاکی (فرومایه ای) است[1] و مسلماً مسیح چنین فکر محدود و نیازمندی نداشت. *جروم* تمایل داشت به جای نان روزانه، آن را نانی که جوهرش مافوق ماده است بخواند که البته به شکستن نان در عشای ربانی اشاره داشت؛ *فیلیپ رایکن* می گوید که به همین جهت، برخی از مسیحیان در گذشته عادت داشتند تا عشای ربانی را "روزانه" در جامعۀ کلیسایی برگزار نمایند.[2]

معنایی عمیقتر

عیسی از آن پادشاهی سخن گفت که تعیین کننده و بخشندۀ جهت به معنای این دعای زیبا گشت؛ آری، این نان روزانه، زمینی است اما درخواست تنها به این ختم نمی گردد و معنای آن بسیار ژرفتر از نان روزمرۀ زندگی است که با آن شکمهای مان را سیر و نیازهای مادی و جسمانی مان را برطرف می سازیم. مسیح، عناصر آشنای زندگی ما را تبدیل به گوهری می سازد که ابعاد آن فراسوی حصاری های مذهبی و اجتماعی ماست.

در سال ۱۹۸۶م، قایقی را از ساحل شمال غربی جلیل بازیافت نمودند که به گفتۀ باستان شناسان، به مدت دو هزار سال در زیر آب پنهان گشته بود؛ قدمت طولانی و تماس مستمر آن با آب، باعث شده بود که چوب هایی که بدنۀ این قایق را شکل می دادند بسیار

---

[1] Origen, Origen's Treatise on Prayer, Trans. and ed. By Eric George Jay. London SPCK 1954. P167

[2] Ryken, Philip Graham. *When you Pray. Making The Lord's prayer your own.* P & R Publishing Company, 2006. p105

نرم شوند. پس از تلاشهای فراوان و دقت بی اندازه و صبری بسیاری طولانی، این قایق به موزه ای منتقل می شود؛ اینکه این قایق دو هزار ساله به چه کسی تعلق داشت و شاهد چه واقعه ای بوده، پرسش هایی هستند که توسط ذهنهای خلاق محققان، پاسخهای جالبی به آنها داده شده، اما آنچه واضح است و با مشاهدات و آزمایشات علمی مشخص گردید، این قایق از دوازده نوع چوب مختلف ساخته شده بود و متخصصین معتقد بودند که محصولات بکار رفته در ساختن این قایق، از جنس مرغوبی نبوده اند؛ به عبارتی، سازندگان این قایق، از ارزانترین چوبها و قطعات استفاده کرده بودند که نشان دهندهٔ وضعیت مالی ماهیگیران آن زمان، در اطراف دریای جلیل بوده است.

هیرودیس *آنتیپاس*، به این جهت که نزد امپراطور تیبریوس، پذیرفته شود و مورد فیض و لطف روم قرار گیرد، در سرزمین تحت فرمانروایی خود، دست به ساختن پایتختی باشکوه می زند؛ شهر طبریه، تبدیل به یکی از مهمترین بنادری می شود که در کنار دریای جلیل، به قصد ارتقاء ماهیگیری و صدور محصولات دریایی به امپراطوری روم، در خدمت اربابان آنتیپاس قرار می گیرد.

آنتیپاس کنترل حرفهٔ ماهیگیری را از دست ساکنان بومی گرفته، در این امر از همه پیشی می گیرد و در نتیجه ماهیگیران محلی، توانایی صید روزانه و امرار و معاش را از دست داده، وضعیت اقتصادی بسیار وخیمی را تجربه می کنند. مسیح، در میان چنین وضعیت نابسمانی وارد صحنه می شود و از خوانندگان انجیل پنهان نیست که عیسی، همچون یحیی تعمید دهنده، ابایی نداشت که با زور و ناراستی و ارزشهای دون اجتماعی آنانی که بر اسرائیل چیره شده بودند، مقابله کند. او هیرودیس را روباه می خواند[3] و با حضور آسمانی خود در منطقهٔ فرمانروایی آنتیپاس، استیلای پادشاهی

---

[3]لوقا ۱۳: ۳۲

آسمانی را نمایان می سازد؛ او در نزدیکی همان دریا، که البته از پس نام امپراطور تیبریوس نام گرفته شده بود، نشان می دهد که زمین و پُری آن از آن خداوند است و از پنج نان و دو ماهی، پنج هزار نفر را خوراک می دهد؛ انگار سخنان آن ربایی که گفت: "خدا هفت دریا (تمام دریاها) را خلق نموده است، اما دریای جلیل برای خشنودی وی آفریده گشت" به حقیقتی اشاره می نمود. آنتیپاس تعداد صید ماهیان را برای خشنودی روم زیاد کرده بود و اما عیسی، پسر خدا، پادشاه و مسیح، با پنج نان و دو ماهی قدرت بی مانند خود را آشکار می سازد.

آنچه که مسیح در این داستان انجام می دهد که البته توضیح و تشریح بسیار دقیق آن در حوصلهٔ این کتاب نمی گنجد، شباهت بسیار زیادی به کاری دارد که یهوه در بیابان، در میان قوم اسرائیل انجام داد.

معجزهٔ مسیح در صحرا، در موازات حضور قوم اسرائیل در بیابان قرار گرفته، دسته بندی مردم به گروه های صد، و پنجاه نفری[4]، تصویر آشکاری است از آنچه موسی در بیابان در میان قوم خود انجام داد[5]. ازدیاد معجزه وار نان و ماهی، انعکاسی است از آن نان آسمانی که یهوه در دوران سفر به قوم اسرائیل بخشید.[6]

خدا، بخشندهٔ نان روزانهٔ قوم خود است؛ او قوم خویش را سیر می سازد و اوست که نیازهای جسمانی ما را برطرف می گرداند. او پدر و سر خانوادهٔ الهی است و احتیاجات فرزندان خود را رفع می نماید. پدر / مادر اولین کسی است که فرزند در زمان گرسنگی

---

[4]مرقس۶: ۴۰
[5]خروج ۱۸: ۲۱، ۲۵
[6]این بخش الهام گرفته شده از کتاب بزرگترین دعا، نوشتهٔ جان کروسان می باشد. برای مطالعه عمیقتر و بیشتر در این خصوص، به صفحات ۱۱۹ تا ۱۴۱ این کتاب رجوع نمایید.

و تشنگی به وی روی می آورد و به جهت نیازهای اولیهٔ خود، از وی درخواست کمک می کند؛ و مسیح به ما می آموزد که نزد پدر خود دعا کنیم؛ و زمانی که دعا می کنیم: نان روزانهٔ ما را امروز به ما عطا فرما، در حقیقت با قوم اسرائیل و به همراه آنانی که معجزهٔ پنج نان و دو ماهی را تجربه کردند، همصدا می گردیم و رفع بنیادی ترین نیازهای خود را بسته به محبت و فیض الهی می دانیم. اگر چه شاید اکثر ما حرفه و پیشه ای داشته باشیم و در طی روز زحمت کشیده، با عرق جبین، نیازهای اساسی زندگی خود را تامین می کنیم، اما این حقیقت که احتیاجات حیاتی زندگی ما توسط بخشش الهی است که رفع می گردند، انکار ناپذیر است.

اما پیش از هر چیز، باید ملکوت خدا و ارزشهای پادشاهی را پیش روی خود گذاشته، آنها را الگوی زندگی خود گردانیم. باید نام پدر آسمانی را مقدس بداریم و برای آمدن ملکوت خدا دعا کرده، طالب ارادهٔ وی در زندگی خود و دنیایی که در آن هستیم باشیم. زمانی که در این نظام فکری و چارچوب ذهنی عمل کردیم، فیض و برکت الهی نیز بر زندگی ما جاری خواهد شد. گمان نمی کنم متی بر حسب اتفاق این جملهٔ مسیح را پس از دعای خداوند(ربانی) در کتاب خود درج نمود:

> پس نگران نباشید و نگویید چه بخوریم یا چه بنوشیم و یا چه بپوشیم... بلکه نخست در پی پادشاهی خدا و عدالت او باشید، آنگاه همهٔ اینها نیز به شما عطا خواهد شد. (هزارهٔ نو متی ۶: ۳۱ و ۳۳)

ما

آیا به شکل جمع بودن واژگانی که در این دعا وجود دارد توجه کرده اید؟

> ای پدر *ما*... نان روزانهٔ *ما* را ... به *ما* عطا فرما. و قرضهای *ما* را ببخش چنانکه *ما* نیز قرضداران خود را می بخشیم. و *ما* را در آزمایش میاور، بلکه از آن شریر *رهاییمان* ده... (هزارهٔ نو)

پیش از اینکه این دعای زیبا از زبان شیرین مسیح به ما آموخته شود، او به ما گفت:

> ... هنگامی که دعا می کنی به اتاق خود برو، در را ببند و نزد پدر خود که در نهان است، دعا کن. آنگاه پدر نهان بین تو، به تو پاداش خواهد داد. (هزارهٔ نو متی ۶: ۶)

مسیح ما را تشویق می کند که چون مذهبیون، در جماعت ها در ملأ عام، در حضور مردم دعا نکنیم بلکه این نیایش، یک رابطهٔ فردی است؛ اما با وجود اینکه در خلوت دعا می کنیم و قرار است تا در اتاق، به دور از تماشاچیان، به حضور پدر عبادت کنیم، این بدین معنا نیست که این یک دعای خصوصی و برای نیازهای من و احتیاج خویش است. چهارچوب و اساس این دعا، جمعی است و قرار است برای *ما* دعا کنیم و نیازهای *ما* را به نزد آن قدوس ببریم.

زمانی که برای رفع نیازهای خود به حضور پدر می رویم، وظیفهٔ ما طلب رفع حاجت برای دیگران نیز هست. اما این حاجت تنها به زبان رفع نمی شود بلکه الگوی ما، آن چیزی است که مسیح برای آن پنج هزار نفر در صحرا انجام داد.

> ... نیازی نیست مردم بروند. شما خود به ایشان خوراک دهید. (هزارهٔ نو متی ۱۴: ۱۶) و زمانی که شاگردان آنچه را

که داشتند به نزد مسیح آوردند، او "پنج نان و دو ماهی را برگرفت و به آسمان نگریسته، برکت داد. سپس نانها را پاره کرد و به شاگردان داد و آنان نیز به مردم دادند".(هزارهٔ نو متی ۱۴: ۱۹).

پدر از طریق پسر، پنج نان و دو ماهی را افزایش داد و مسیح از طریق شاگردان (ما) پنج هزار نفر را خوراک بخشید؛ حضور فعالانهٔ کلیسا در رفع دشواری های اقتصادی نیازمندان و برطرف ساختن نیازهای بنیادی مستمندان، الزامی است. وظیفهٔ ما تنها به یاد آوردن فقرا و گرسنگان پیش از دعا برای صرف ناهار و شام نیست، بلکه باید حضوری سازنده در جهت بهبود بخشیدن به وضعیت اقتصادی اطرافیان مان و همچنین جامعه و دنیایی که در آن زندگی می کنیم، داشته باشیم.

نه تنها برای گرسنگان باید دعا کرد بلکه می بایست با آنها دعا کرد. باید در جای آنها قرار بگیریم و نمایندهٔ آنها باشیم؛ معنای کهانت ملوکانه همین است[7] که دعاهای ناگفتهٔ هزاران گرسنه، کشور و میلیونها نفر نیازمند در دنیا را به زبان آورده، به نزد پدر دعا کنیم که گرسنگان سیر شده، تشنگان سیراب گردند و زمانی که در کنار آنها ایستاده، برای رفع حاجات آنها دست به کار می شویم، آنگاه صداقت دعای ما مشخص می گردد.[8]

دوستان عزیز! گرسنگی و تشنگی دنیا، تنها یک مشکل اقتصادی نیست و نباید برای رفع آن تنها به دنبال دلایل فیزیکی بگردیم. ریشهٔ این معضل، روحانی است و در نتیجه، نبرد ما نیز روحانی است. دعای ما به کمال رسیدن ملکوت آسمان و برقراری حاکمیت الهی بر زمین است؛ زمانی که هر اشکی از چشمان پاک شود و دیگر مرگ،

---

[7] ر.ک اول پطرس ۲: ۹

[8] Wright, N. T. *The Lord and His Prayer*. WM. B. EERDMANS, 1996.p46

بر خانهٔ کسی فرود نیاید. اما تا زمانی که ماتم و شیون رخت بربندد، این مسئولیت من و شماست که در این خصوص دعا کرده، برای تحقق این دعا، از مسیح قوّت و برکت یافته، پنج و نان و دو ماهی خود را با دیگران تقسیم کنیم.

اصلاحگران، در تاکید بر این حقیقت خسته نمی شوند که نجاتی که خدا برای ما مهیا کرده است، تلفیقی از همکاری خدا و انسان نیست؛ نجات از آن خداست و انسان توانایی افزودن بر این نجات و یا تسریع این واقعه را ندارد. یوحنای رسول به ما یادآوری کرد که او "به آن کسانی که او را قبول کردند قدرت داد تا فرزندان خدا گردند، یعنی به هر که به اسم او ایمان آورد، که نه از خون و نه از خواهش جسد و نه از خواهش مردم، بلکه از خدا تولّد یافتند". (ترجمهٔ قدیم یوحنا ۱: ۱۲ و ۱۳)

اما دعای خداوند (ربانی)، تنها به نیایش و بیان خواسته های ما خاتمه نمی یابد؛ این دعا، یادآوری وظایف الهی به آن قدوس نیست تا فهرست کارهای خود را از یاد نبرد و در حفظ تقدس نام خود غیرت داشته باشد و در گسترش ملکوت خویش کوشا بوده، رعایای این سلطنت را هم به یاد آورد. این دعا، پیش از اینکه درخواستی به جهت مداخله و عمل الهی باشد، گامی به سوی تغییر نفس است؛ در این دعاست که خدا درون ما را تبدیل می سازد و تمایلات و علائق ما را آسمانی می گرداند؛ در این دعاست که خواسته ها و آرزوهای ما از حیطهٔ خواهش و آمال، به قلمرو عمل منتقل می گردد.

زمانی که دعا می کنیم، در کنار اینکه اعتمادمان را به وفاداری خدا اعلان می کنیم، بلکه آستینهای خود را نیز بالا زده، در این بخش از فعالیت روحانی، همکار خدا می شویم.

آیا خدا به همکاری و همدستی من و شما خاکیانی که زندگی آنها چون یک حباب است و توانایی ایشان به حساب نمی آید نیازی دارد؟

شاید خدا استعدادهای متفاوتی به من داده باشد اما از یک چیز مطمئن هستم و آن این است که خدا نمی خواهد من شخصی فنّی باشم؛ من قلم را راحت به دست می گیرم و جملات را به روانی می نویسم، اما در سفت کردن پیچ و مهره، مهارت چندانی ندارم؛ در سال ۲۰۰۲م، زمانی که تازه به آمریکا مهاجرت کرده بودم، یکی از اعضای کلیسا، به سفارش یکی از دوستانم، مرا در شرکت خود که کارش نصب دستگاه های تهویهٔ هوا بود استخدام کرد؛ وظیفهٔ من در طی چند ماهی که با این متخصصین کار می کردم، چیزی نبود جز حمل ابزاری چون پیچ گوشتی و دریل که برای نصب این دستگاه ها نیاز داشتند.

آیا رئیس شرکت و کارمندان آن به من نیاز داشتند؟ آیا ایشان نمی توانستند، این دستگاه ها را بدون کمک و یاری من نصب کنند؟ البته که می توانستند؛ تنها دلیلی که باعث استخدام من در این شرکت شده بود، این بود که من از این کمک مالی بهره ببرم؛ صاحب شرکت اینگونه اراده کرده بود تا من نیز در انجام کاری که او بدون نیاز کسی هر روز به زیبایی به کمال می رساند سهمی داشته باشم.

خدا نیز در مقام خالقِ قادر مطلق و حاکم بی همتا، اراده می کند و خواست حاکمانهٔ او، بی چون و چرا به انجام می رسد؛ او گفت و شد[9]. اما خدا مایل است تا ما را نیز در این فرایند برکت دهد؛ تا سیرت ما را صیقل داده، در این فرصت همکاری که محض فیض زیبای خویش به ما بخشیده است، ما را مبدل سازد.

---

[9]برای فهم این معنا که خدا می گوید و می شود ر.ک باب اول پیدایش

در دعای خداوند(ربانی)، خدا را صدا کرده، ابهت و شوکت الهی را وصف می کنیم؛ اما در همان دم نیز، وظیفه و مسئولیت خویش را نزد او که قادر است اعتراف کرده، به او قول می دهیم که در انجام اراده و خواست ملوکانه اش، انجام وظیفه خواهیم کرد.

بنابراین آنچه به عهدهٔ ما است، تلاش برای رفع حاجات روزانهٔ ما و البته دیگران می باشد (اهل خانه و آنانی که جزو این خانوادهٔ مسیحی نیستند). پولس رسول به ایمانداران اهل تسالونیکی می گوید:

زیرا حتی زمانی که با شما بودیم این حکم را به شما دادیم که هر که نمی خواهد کار کند، نان هم نخورد (هزارهٔ نو دوم تسالونیکیان ۳: ۱۰). در زبان پارسی ضرب المثل زیبایی داریم که می گوید: از تو حرکت، از خدا برکت؛ و این برکت الهی که برای فقرا و نیازمندان نیز طالب هستیم، از طریق دستان من و شما به ایشان می رسد. داستان پنج نان و دو ماهی را به یاد دارید؟ ... پنج نان و دو ماهی را برگرفت و به آسمان نگریسته، برکت داد. سپس نانها را پاره کرد و *به شاگردان خود داد تا پیش مردم بگذارند*... (هزارهٔ نو مرقس ۶: ۴۱)

در نسخهٔ یونانی این دعا، واژه ای استعمال شده که برگردان آن را از زبانهای مقصد کمی دشوار کرده است.ἐπιούσιον [10] که به فارسی نان روزانه و یا کفاف ترجمه شده، در زبان انگلیسی به دو معنای "نان فردا" و یا "نان روحانی[11] نیز برگردانده شده است[12]. دلیل تفاوت

---

[10] epiousios
[11] The supersubstantial bread
برای دیدن ترکیب "نان روحانی" در ترجمهٔ انگلیسی مثلا ر.ک ترجمهٔ DRB

نظرها احتمالا این است که این واژه تنها در همین معنا و دو بار در کتاب مقدس استعمال شده است و در حقیقت، پژوهشگران نتوانستند این واژه را حتی در سایر نوشته های غیرمذهبی یونان باستان نیز پیدا کنند؛ به نظر می رسد این واژه ای منحصر بفرد است که متی از آن در این دعا بهره برده که البته برای بسیاری فهم معنای حقیقی آن را مبهم کرده است.

آیا عیسی مسیح از ما درخواست می کند تا برای نان کفاف روزانهٔ خود دعا کنیم و یا مقصود مسیح خوراک روحانی است که باید در پی یافتن آن بکوشیم؟ پدران کلیسا در رفع این ابهام، ترجمه های فوق را پیشنهاد دادند تا شاید راز پیام این دعا گشوده شود؛ اما شاید باید تمام آنچه را که تا به حال عرضه شده است، صحیح انگاشت؛ یعنی باید برای نان روزانه و کفاف خود دعا کنیم، زیرا که او دهندهٔ نان و رفع کنندهٔ نیازهای روزانهٔ ما است؛ او خداست و زمین و پُری آن از آنِ وی می باشد. او تواناست و مایل است تا احتیاجات ما را رفع ساخته، ما را با برکات این دنیا سیر و سیراب سازد. اما در عین حال می توان برای نان فردا نیز دعا کرد، نانی که در عالم آینده از آن سهمی خواهیم داشت؛ برکتی که روی سفرهٔ برهٔ خدا، از طریق شرکت در شام خداوند نصیب ما خواهد شد. و البته باید طالب نان روحانی نیز باشیم، مشارکت در آن نان حیاتی که روح های ما را سیر می سازد و جان ما را شاداب می گرداند.

---

[12]اینکه این دعا در لوقا به نسبت متی، تاکیدش بر نیازهای جسمانی است؛ به نظر من، از آنجا قابل برداشت است که در متی این دعا در چهارچوب بخش معروف به خوش بحالها یا موعظهٔ سرکوه قرار دارد و پیش از آن آمده است که " ... پدر شما حاجات شما را می داند پیش از اینکه از او سؤال کنید" ترجمهٔ قدیم ۶: ۸ ؛ این بیان که خدا حاجات ما را پیش از درخواست کردن می داند، زمینه را برای نوعی از آن برداشت فراهم می آورد که کمتر بر نیازهای جسمانی تاکید دارد؛ در حالیکه در متن لوقا این دعا در بخش موعظهٔ سرکوه نیامده است نیز به درخواست شاگردان که از عیسی طرز دعا کردن را بطور عمومی می طلبند، گفته شده است.

باید از القای معنا و مفاهیم روحانی بر متونی که اساسا در تلاش برای آموزش امور روزمره هستند اجتناب کرد؛ با اینکه به گمان من، متن این دعا در کتاب لوقا، تاکیدش بیشتر بر نیازهای جسمانی است و این حقیقت که متی و لوقا هر دو به یک دعا اشاره می کنند (نتیجتا یک معنی را باید از آن استخراج کرد) اما به پایبندی به داشتن نگاهی وسیعتر به متن این دعا نیز اصرار می ورزم.

یوحنای رسول در انجیل خود به نکتهٔ زیبایی اشاره می کند؛ در باب ششم این انجیل روایت تکثیر پنج نان و دو ماهی را می خوانیم؛

> پس از اینکه عیسی گروه نزدیک به پنج هزار نفری را دید[13] و این جماعت گرسنه را سیر نمود، به طرف دیگر دریای جلیل روانه شد؛ اما طولی نمی کشد که مردم او را می یابند و از او می پرسند: استاد، کِی به اینجا آمدی؟ (هزارهٔ نو یوحنا ۵: ۲۵) و سپس می گویند: این نان را همواره به ما بده (هزارهٔ نو ۳۴) اما عیسی به ایشان پاسخ می دهد: نان حیات من هستم. هر که نزد من آید، هرگز گرسنه نشود، و هر که به من ایمان آورد هرگز تشنه نگردد. (هزارهٔ نو ۳۵).

به عبارتی، عیسی مسیح به ایشان (و به ما) می گوید که نیاز شما بیشتر و فراتر از نان روزانه است؛ نیاز شما نان حیات است. این نانی که می خورید و برای آن دعا می کنید و برای کسب آن تلاش می نمایید، شما را زنده نگاه می دارد اما برای حیات جاودان، باید نان حیات را بخورید و من آن نان حیات هستم.

---

[13] یوحنا به نزدیک به ۵۰۰۰ مرد اشاره می کند؛ این بدان معنی است که آمار زنان و کودکان در گزارش یوحنا درج نشده است؛ احتمال دارد که جمعیت حاضر قریب به ده هزار نفر بوده باشد.

این نان روزانه، نشانه ای است به آن حقیقت که نیاز ما به مسیح بسیار بزرگتر و بسیار فوری تر از احتیاج روزانه است؛ بدون عیسی، آن نان حیات، لحظه ای نمی توانیم زندگی کنیم.

> ... آمین، آمین به شما می گویم، که تا بدن پسر انسان را نخورید و خون او را ننوشید، در خود حیات ندارید. هر که بدن مرا بخورد و خون مرا بنوشد، حیات جاویدان دارد، و من در روز بازپسین او را برخواهم خیزانید. زیرا بدن من خوردنی حقیقی و خون من آشامیدنی حقیقی است. (هزارهٔ نو یوحنا ۶: ۵۳- ۵۵)

هر گاه برای نان روزانه (خوراک، پوشاک، کاشانه و غیره) دعا می کنیم، به یاد داشته باشیم، نیاز حقیقی ما، اوست.

> "... انسان تنها به نان زنده نیست، بلکه به هر کلامی که از دهان خدا صادر شود" (هزارهٔ نو متی ۴: ۴)

فصل پنجم

و قرضهای / خطاهای ما را ببخش،

چنانکه ما نیز قرضداران/خطاکاران خود را می بخشیم.

قرضها

قرض/گناه

اناجیل از یحیی تعمید دهنده روایت می کنند که از قوم اسرائیل دعوت می نمود تا در رود اردن تعمید آب بگیرند(مثلا ر.ک متـــی ۳: ۱۳)؛ آنچه یحیی به نمایش گذاشت، داستان خروج قوم از مصر بود؛ قوم خدا، از بندگی مصر رهایی یافته، از دریای سرخ عبور می کنند؛ واقعهٔ خروجی که سرود رهایی این ملت در آن طنین انداز بود؛ آزادی از اسارت و بازگشت از تبعید، نوید بخشش گناهان و پذیرش ایشان در حضور خدا را به همراه داشت.

در حقیقت آنچه یحیی به اسرائیل می گفت این بود که خدا قوم خود را از اسارت رهایی خواهد داد و آمرزش از عصیان را نصیب این قوم خواهد نمود.

زنجیرهای اسارت خواهند افتاد و همانطور که یکبار یهودیان از چنگال بی رحم فرعون رهایی یافته، درهای زندان گشوده شده، طعم آزادی را چشیدند، این نسل نیز باید در انتظار خروجی دوباره باشند؛ قوم یهود بار دیگر شاهد رستگاری خواهد بود و بار دیگر، یهوه، خدای زنده، خطایای آنها را خواهد آمرزید.

یوحنای رسول این داستان را به اوج خود می برد و می گوید:

> و در فردای آن روز یحیی عیسی را دید که به جانب او می آید. پس گفت: اینک بره خدا که گناه جهان را بر می دارد. (ترجمهٔ قدیم یوحنا ۱: ۲۹)

یحیی از وعدهٔ رهایی و آمرزش گناهان سخن می گوید و عیسی، آن بخشندهٔ مهربان، رهاننده و شبان، گفت:

> "... ای فرزند، گناهان تو آمرزیده شد." (ترجمهٔ قدیم مرقس ۲: ۵)

پرسشی که آن روزها با تعجب پرسیده می شد این بود که این عیسی کیست؟ (ر.ک لوقا ۷: ۴۹)

و پاسخ به این پرسش این بود که عیسی، آن پادشاهی است که قرار است ملکوت آسمان را برقرار سازد و حکومت یهوه را مستقر گرداند و قوم اسرائیل را از بندهایش رهانیده، عصیان ایشان را بیامرزد.

عیسی به آمرزیدن گناهان مردم می پرداخت و در حقیقت با این عمل، اعلان می نمود که ملکوت آسمان آمده است.

آمرزش گناهان، ارتباط نزدیکی با نزول ملکوت خدا داشت؛ و عیسی مسیح می گوید که وعدهٔ خدا تحقق یافته و نمایش یحیی، عملی گشته است. آنانی که به سرسپردگی این پادشاه در آیند، بخشش گناهان را دریافت خواهند کرد.

او نه تنها وقوع خروج نوین را بشارت می داد بلکه ارزشهای ملکوت را نیز به آنانی که ملکوتی بودند می آموخت. این سلطنت را سلطانی است و اجرای قوانین روحانی این پادشاهی، واجب است. او خداست و شریعت زندگانی در این وادی، به دست مقدس وی به قلم در آمده و هر کس که شریک این جنبش آسمانی است، از قوانین این حیات نیز آگاه است.

خدا آمده و بخشایش او را حصری نیست؛ و پاکی از گناهان و آمرزش عصیان، الگویی است تا ما نیز به مانند او رفتار کنیم.

خدا خطایای ما را عفو نموده است و از ما درخواست می کند تا مانند این پادشاه بخشاینده و مهربان، قرضهای یکدیگر را ببخشیم؛ چنانکه اگر کسی بخشندگی را پیشه نکند، به عبارتی، منکر نزول ملکوت خدا شده است؛ چنین شخصی مانند آن است که در حقیقت بگوید، پادشاهی آسمان نیامده و بخشایش گناهان اتفاق نیفتاده است. اساس و بنیاد ملکوت خدا بخشش است و اگر مسیحیان در چنین روحیه ای زندگی نکنند، در واقع بنیاد هستی خود، و دلیل وجود خود را که عفو الهی است، رد می کنند.

به همین جهت، دعای خداوند(ربانی)، به ما می آموزد که چنین دعا کنیم:

و قرضهای ما را ببخش، چنانکه ما نیز قرضداران خود را می بخشیم.

مطمئناً شما با من هم عقیده هستید که آنچه عیسی به ما می گوید، بخشش گناهان مشروط نیست؛ منظور عیسی این

نیست که تحقق گزارهٔ اول، مشروط به گزارهٔ دوم خواهد بود؛ اگر چنین می بود، تمام الهیات فیض و انجیل رایگان را باید از خاطرها پاک می نمودیم و به نجات از طریق اعمال روی می آوردیم.

نجات مسیح رایگان است و بخشش گناهان، تنها از طریق اعتماد به کار فداکارانهٔ عیسی مسیح بر روی صلیب، قابل دریافت می باشد؛ و به همین خاطر مسیح از ما خواست که بگوییم: *چنانکه* ما نیز قرضداران خود را می بخشیم، و نه اینکه، زیرا ما *نیز* قرضداران خود را می بخشیم.

این دعا، در حقیقت اعلان تعلق و ابراز وفاداری به قوانین پادشاهی است و اعلان اینکه ما نیز منطبق با مسیر بخشایش الهی زیست می کنیم.

اما نکته ای که شایستهٔ توجه است، استعمال واژهٔ قرض، به جای گناهان و یا خطا می باشد. بسیاری از ما این دعا را روحانی می سازیم و گسترهٔ معنای این واژه را تنها به عصیان آدمی محدود می کنیم؛ اما شاید زمانی که عیسی از قرض صحبت می کرد، مفهوم این عبارت برای شاگردان یهودی وی، بسیار وسیعتر از بخشش خطایای یکدیگر بود؛ در زمان عیسی، بدهی های سنگین اشخاصی که توانایی حمل مسئولیتهای مالی را بر دوشهایشان نداشتند، منجر به بردگی و غلامی ایشان می شد؛ ما به عنوان کسانی که طعم شیرین بخشش و رهایی را چشیده ایم و رحمت ایزدی را تجربه نموده ایم باید مانند پدر آسمانی خود رحیم باشیم؛ عیسی در جایی دیگر این را به ما یادآور شد:

> ... رحیم باشید چنانکه پدر شما نیز رحیم است. (ترجمهٔ قدیم لوقا ۶: ۳۶)

این دعا، چیز دیگری هم به ما می آموزد؛ زمانی که کسی به حق من تجاوز می کند و حریم و مرزهای مرا شکسته، حقوق مرا پایمال

می کند، زمانی که شخصی بر من خطا می کند و با گناهش به ضد من، مرا زخمی می کند، معمولا تنها چیزی که به یاد نمی آورم و آرزویش را نمی کنم، بخشش و پذیرش این خاطی است. بخشیدن سخت است. زمانی که هنوز زخمها تازه هستند و دردها جان و روحم را ترک نکرده اند، گفتن اینکه، من تو را می بخشم، به نظر غیرممکن می نماید؛ این چالش برای ما مسیحیان نیز وجود دارد. شاید این دعا به ما می آموزد که هرگاه با این چالش روبرو شدید و هر زمان که بخشیدن خطاکاری برای شما دشوارترین کارها شد، آمرزش الهی را به یاد آورید؛ این کاری است که خدا برای من و شما انجام داد.

بخشش

کتاب پرسش و پاسخ در پرسش ۱۰۵ اینگونه می گوید:

در پنجمین درخواست برای چه چیزی دعا می‌کنیم؟

پاسخ: در پنجمین درخواست (قرضهای ما را ببخش چنانکه ما قرضداران خود را می‌بخشیم)، ما به بخشیدن دیگران تشویق می‌شویم و اعلام می‌کنیم که فیض خدا در این کار ما را یاری خواهد کرد؛ همچنین دعا می‌کنیم که خدا به خاطر مسیح گناهانمان را ببخشد[1].

فیضی که در بخشش مسیح دریافت می کنیم به ما نیز این فیض را می بخشد تا دیگران را ببخشیم.[2]

---

[1]کتاب پرسش و پاسخ‌های شفاهی ایمان مسیحی: پرسش ۱۰۵
(مطابق با پرسش و پاسخهای معمول در کلیساهای اصلاح شده و شورایی)
مترجم: کشیش فریبرز خندانی

[2] Ryken, Philip Graham. *When you Pray. Making The Lord's prayer your own.* P & R Publishing Company, 2006. p135

در ۱۷ ژوئیه ۲۰۱۵م، جوانی سفید پوست به نام *دیلان رووف*، وارد کلیسای عمانوئیل واقع در چالستون کارولینای جنوبی شده، ۹ نفر از مسیحیانی را که در جلسهٔ مطالعهٔ کتاب مقدس حاضر بودند به همراه کشیش این کلیسا، به قتل رساند.

وزارت دادگستری ایالات متحده آمریکا اعلام کرد که این جرم بر پایهٔ تنفر بوده و این شخص از روی تعصب نژادی دست به این کشتار جمعی زده است.

خبر قتل مسیحیان کلیسای *متودیست*[3] بسیاری را شوکه نمود و رسانه های مختلف به تحلیل انگیزه و حتی انعکاس و تاثیر این حادثه در سطوح مختلف جامعه پرداختند؛ اما عجیبترین خبر و غیرمنتظره ترین واکنشها، مربوط به *نَدین کولیر*[4]، دختر یکی از مقتولین این جنایت بود؛ او روی به قاتل مادرش و هشت مسیحی دیگر می کند و به وی می گوید: "من تو را می بخشم".

آنچه *نَدین* به زبان راند، موج گفتگوهای بسیار وسیع بین المللی را در باب بخشش ایجاد نمود؛ او دو روز پس از به قتل رسیدن مادر خود به قاتل گفت: "تو چیز با ارزشی را از من گرفتی و من دیگر نخواهم توانست با مادرم صحبت کنم. من دیگر قادر نخواهم بود که او را به آغوش بکشم؛ اما من تو را می بخشم و بر روح تو ترحم خواهم نمود. تو به من و بسیاری دیگر صدمه زدی...اگر خدا تو را می بخشد، من نیز تو را خواهم بخشید!"

---

3 Methodist

کلیسایی است که در نتیجهٔ احیای روحانی عظیمی که توسط جان وسلی (John Wesley) و همکارانش در قرن هجدهم و در انگلستان برپا شد، به وجود آمد.

4 Nadine Collier

در جامعه ای که برای بقا، اعضای آن به هم رحم نمی کنند و بخشش، از ضعف و ناتوانی فرض می شود؛ بخشیدن و ترحم، عملی بسیار رادیکال و غیرمنتظره است.

مسیحیان می توانند چنین دعایی را به زبان بیاورند چونکه آنان طعم آمرزش و بخشش گناهان را چشیده اند؛ مسیحیان این توانایی را دارند که مانند مسیح رفتار کرده، برای کسانی که بر آنها تاخته اند و حریمشان را شکسته اند، طلب بخشش کنند؛ چون می دانند، اساس و بنیاد ایشان بر همین بخشش الهی بنا شده است؛ به همین جهت است که در آغاز این دادخواست(دعای خداوند) از پدر می خواهیم که قرضهای ما را ببخشد. پیش از اینکه به این فکر کنیم که دیگران با ما چه کرده اند، باید به آنچه ما به خدا کرده ایم فکر کنیم. می باید قرضهای خود را به خدا بیاد آوریم.

> اگر گوییم که گناه نداریم خود را گمراه می‌کنیم و راستی در ما نیست . اگر به گناهان خود اعتراف کنیم، او امین و عادل است تا گناهان ما را بیامرزد و ما را از هر ناراستی پاک سازد. (ترجمۀ قدیم اول یوحنا ۱: ۸- ۹)

هرگاه به سقوط و نزول خویش نگریستیم و جایگاه پست خود را در اعماق گناه نظاره کردیم، آن وقت به دیگران از عرش برین و از مرکب عدالت و تحکّم و داوری خویش نگاه نخواهیم کرد. آنانی که بر ما گناه کرده اند و مقروضند، از ما بدتر نیستند. "زمین در پای صلیب، مسطح است."[5]

دعای خداوند(ربانی)، از همان آغاز تا پایان به ما می آموزد که انسان اختیار هیچ چیز، حتی زندگی خود را ندارد؛ انسان که خود را اشرف مخلوقات و مرکز آفرینش و کائنات می انگارد، در این دعا متوجه این حقیقت می شود که خدا پادشاه این ملکوت است و

---

[5] بیلی گراهام

انسان، فرمانبردار آن است. خدا صاحب است و انسان مِلک خدا. او سلطان است و ما رعایای او هستیم.

انسان چنان کوچک و ناچیز است که برای رفع نیازهای روزانهٔ خود و بقای حیات، نیازمند نان روزانه است و اگر بخشش الهی نصیب وی نگردد، آتش خشم عدالت خدا او را از هستی ساقط خواهد کرد.

> [انسان در] بامدادان می‌شکُفَدْ و می‌روید. شامگاهان بریده و پژمرده می‌شود. (ترجمهٔ قدیم مزمور ۹۰: ۶)

دعای خداوند (ربانی)، هدیه ای از طرف خدا به ما است تا در حقیقت مخلوق بودن خود شادی کنیم؛ در این حقیقت وجد کنیم که هیچ چیز در کنترل ما نیست. و در این ضعف و ناتوانی، در کوچکی و گناه است که می توانیم باران فیض خدا را تجربه کرده، از آن لذت ببریم.[6]

زندگی ما از آنِ خداست و او مؤلف زندگی ما است؛ و حال اگر گمان می کنیم که با نبخشیدن قرضها و گناهان دیگران، می توانیم جهت زندگی آنها را تغییر داده، بخشی از زندگی آنها را به دستهای خود بگیریم و ادعای مالکیت بر ایشان کنیم، مطمئناً سخنان عیسی مسیح را نشنیده و یا نفهمیده ایم.

آن کس که بخشیده شده است و ارزش این آمرزش و حیات تازه و پیوستن به خانوادهٔ ملوکانه را می داند، مطمئناً، خود بر مسند داوری و تخت پادشاهی جلوس نخواهد نمود و رحم خواهد کرد، همانطور که به وی رحم شده است.

---

[6] Willimon , William H. *Lord Teach us: Lords Prayer and Christian Life.* , Willimon & Stanley Haurwas. Abingdon Pres, 1996. p80

زمانی که برای بخشش گناهان خود به نزد خدا استغاثه می کنیم، در حقیقت مالکیت خدا بر جان خود را اعلام می کنیم؛ حال، چگونه ممکن است که هستی خود را از آنِ خدا بدانیم اما ادعای مالکیت خداوند بر زندگی کسی دیگر را باور نداشته باشیم.

در این وقت، پطرس پیش عیسی آمده از او پرسید: «خداوندا، اگر برادر من نسبت به من خطا بکند، تا چند بار باید او را ببخشم؟ تا هفت بار؟ » عیسی در جواب گفت: «نمی‌گویم هفت بار، بلکه هفتاد مرتبه هفت بار. چون پادشاهی آسمان مانند پادشاهی است که تصمیم گرفت از خادمان خود حساب بخواهد. وقتی این کار را شروع کرد شخصی را نزد او آوردند که میلیونها تومان به او بدهکار بود اما چون او نمی‌توانست آن را بپردازد اربابش دستور داد او را با زن و فرزندان و تمام هستی‌اش بفروشند تا بدهی خود را بپردازد. آن شخص پیش پای ارباب خود افتاده گفت: «ای آقا، به من مهلت بده و من تمام آن را تا ریال آخر به تو خواهم پرداخت. «دل ارباب به حال او سوخت به طوری که از دریافت طلب خود صرف نظر کرد و به او اجازه داد برود. اما او وقتی از آنجا رفت در راه با یکی از همکاران خود روبرو شد که در حدود صد و پنجاه تومان به او بدهکار بود، او را گرفت و گلویش را فشرده گفت: «بدهی خود را به من بپرداز». آن شخص به پای همکار خود افتاد و به او التماس کرده گفت: «به من مهلت بده، پول تو را می‌پردازم». اما او قبول نکرد و آن مرد را به زندان انداخت تا بدهی خود را بپردازد. خادمان دیگری که این ماجرا را دیدند بسیار ناراحت شدند و به نزد ارباب خود رفته تمام جریان را به اطلاع او رسانیدند. او آن مرد را احضار کرده به او گفت: «ای غلام شریر، به خاطر خواهشی که از من کردی من همهٔ بدهی تو را به تو بخشیدم. آیا نمی‌باید همین طور که من دلم برای تو

سوخت تو هم به همکار خود ترحم می‌کردی؟» ارباب آنقدر خشمگین شد که آن غلام را به زندان انداخت و دستور داد تنبیه شود و تا وقتی تمام بدهی خود را نپرداخته است، آزاد نشود. « اگر همهٔ شما برادر خود را از دل نبخشید، پدر آسمانی من هم با شما همین طور رفتار خواهد کرد » (ترجمهٔ مژده متی ۱۸: ۲۱- ۳۵)

چقدر این مفهوم دادخواست از دعای خداوند (ربانی) در داستانی که عیسی برای ما روایت می کند مشهود است؛ آنچه مسیح به ما آموخت بسیار روشن و واضح است؛ ...رحیم باشید چنانکه پدر شما نیز رحیم است. (ترجمهٔ قدیم لوقا ۶: ۳۶) پولس رسول نیز در خصوص این بخشش، در رسالهٔ خود به افسسیان می گوید؛ نسبت به یکدیگر مهربان و دلسوز باشید و چنانکه خدا در شخص مسیح شما را بخشیده است، شما نیز یکدیگر را ببخشید. (ترجمهٔ مژده افسسیان ۴: ۳۲) این دعا به این معناست که، خدایا من در پی قدمهای مسیح گام برخواهم داشت و مانند او رفتار کرده، او را به عنوان الگوی زندگی خود خواهم پذیرفت. به من این قدرت را عطا فرما!

ریچارد ورمبراند، کشیش اهل رومانی که چهارده سال در زندانهای کمونیستی رومانی محبوس بود در سلولی نهاده شده بود که در آن اتاق، شخصی کمونیست در بند بود که همقطارانش به او خیانت کرده و وی را شکنجه نموده بودند؛ به همراه این شخص، شبانی نیز زندانی شده بود که پیشتر به دست این شخص، کتک خورده بود.

یکبار در میانهٔ شب، فرد کمونیست که کابوس دیده بود، از خواب، وحشت زده بر می خیزد و با گریه، خطاب به شبان می گوید: "ای کشیش، برای من دعا کن، چون گناهان زیادی را مرتکب شده ام." آن شبان در کنار این شخص پریشان حال می نشیند و در حالی که موهای این شخص را که او را شکنجه کرده بود، نوازش می کرد به

وی می گوید : " من با تمام قلبم تو را بخشیده ام و من تو را دوست دارم. اگر من که گناهکار هستم می توانم تو را ببخشم و به تو مهر ورزم، چقدر بیشتر عیسی مسیح که پسر خدا و تجسم عشق می باشد، می تواند تو را ببخشد و دوست داشته باشد. بیشتر از آنکه تو تمایل به بخشیده شدن داشته باشی، او مایل است تا تو را بیامرزد. تنها توبه کن." در آن سلول، آن شکنجه گر به تمام جنایتها و قتلهای خود اعتراف کرد و هر دو با هم دعا کردند و سپس به خواب رفتند. آن شبان و شخص نادم، هر دو در آن شب اعدام شدند.[7]

---

[7] Wurmbrand, Richard . *Give a Gem at Christmas*. Wurmbrand, December 1998.p14

فصل ششم

و ما را در وسوسه ها / آزمایش میاور بلکه ما را از شریر رهایی ده

وسوسه ها

عیسی مسیح به همراه شاگردانش به باغ جتسیمانی می روند و سپس به همراه سه تن از شاگردان خود، پطرس و دو پسر زبدی برای دعا از سایرین جدا می شود؛ عیسی رو به شاگردانش می کند و به آنها می گوید که "...جان من از شدّت غم نزدیک به مرگ است..."[1] و آنگاه از ایشان می خواهد که با او بیدار مانده، دعا کنند؛ سپس بعد از اینکه برای دور شدن پیاله که در حقیقت رنج و مرگ صلیب بود، دعا می کند، نزد شاگردان خواب آلود خود باز می گردد و به آنها می گوید: بیدار باشید و دعا کنید تا دچار وسوسه نشوید...[2]

---

[1] ترجمهٔ مژده متی ۲۶: ۳۸
[2] ترجمهٔ مژده متی ۲۶: ۴۱

گمان نمی کنم که منظور عیسی مسیح از هشداری که به شاگردان داد، این بوده که مبادا آنها مرتکب گناه شخصی شوند. عیسی زمانی این درخواست را از شاگردانش می کند که انتظار رویارویی با صلیب را می کشد؛ او به عنوان یک به محکوم به مرگ، وارد دنیا شده است و تا ساعاتی چند قرار است تا به دار مرگ افراشته شود. او به دست یهودیان تسلیم شده، به وسیلهٔ رومیان روی صلیب میخکوب خواهد شد. عیسی مسیح از اوقاتی تاریک عبور می کند؛ نیروهای شرارت او را احاطه کرده، قصد پایان دادن به حضور پرجلالش در هستی دارند که ملک وی است.

عیسی در چنین کشمکشی به شاگردان خود نزدیک می شود و به آنها می گوید که دعا کنید تا دچار وسوسه نگردید.

عیسی مسیح خود این دعا را پیشتر نزد پدر به زبان می آورد اما در همان دم ارادهٔ وی را نیز می طلبد.

عیسی مسیح این بخش از دعای خداوند را به همراه بخشی از دادخواست پیشین به نزد پدر می برد.

> "مرا در وسوسه ها میاور بلکه مرا از شریر رهایی ده (با تصرف، متی ۵: ۱۳)؛ اما نه به خواست من، بلکه به ارادهٔ تو(متی۲۶: ۳۹) آنچنان که در آسمان است در زندگی من نیز کرده شود(با تصرف، متی ۵: ۱۰) "

دکتر *ان. تی رایت* می گوید که کاری که مسیح کرد، مختص وی می باشد. دعای او با پاسخی منفی روبرو شد؛ عیسی وارد تاریکی و دردی شد که من و شما برای رهایی از آن باید دعا کنیم؛ او از *آلبرت شوایتزر*، الهیات دان آلمانی نقل قول می کند که می گوید: عیسی خوانده شده بود تا خود را زیر چرخ های تاریخ دنیا بیندازد تا

با خُرد شدن زیر چرخها، شاید بتواند جهت چرخش آنها را تغییر دهد"[3]

عیسی زیر چرخ های آزمایشات و رنجها خرد شد، اما من و شما باید برای رستگاری از آن دعا کنیم.

شریر

این حقیقت که مفهوم وسوسه در دنیای ما حضور فعالانهٔ شیطان در خلقت نیکوی خداوند را برخود حمل می کند انکار ناپذیر است؛ دنیایی سقوط کرده که ساکنین آن، برای خون ریختن شتابانند و عدالت و صداقت تبدیل به سرابی شده است که بسیاری وجودش را خیالی بیش نمی پندارند. ما مسیحیان نیز گاهی در تار و پود اندیشه های نادرست گرفتار می شویم.

برخی شیطان و شریر را افسانه ای واهی می پندارند که محصول ترشحات ذهن خلاق و یا عقب ماندهٔ گذشتگان است و یا بعضی نیز حضور مرموزانهٔ شیطان و دیوهایش را پشت هر واقعه و حادثه و تراژدی می بینند. لیبرالهای به اصطلاح روشنفکر، موجودات شیطانی را میوهٔ اذهان بچگانه و رشد نکردهٔ دنیای قدیم می پندارند که آثار آن در مسیحیت نیز یافت می شود و جنبشهای تندروی مسیحی در سوی دیگر این طیف، حتی پنچری تایر و سرماخوردگی و علت وجود زمینهای بایر را از شیطان می دانند. در این میان، برخی از ما، چنان در اقتدار و هویت خودساخته و ابرقهرمانانهٔ مسیحی خود، فریفته شده ایم که گمان می کنیم، دنیای ما لمس نشدنی و کاخ ما خُرد نشدنی است. سقوط و نزول را مال دنیا می دانیم و تنها چیزی که به زبان می آوریم، پیروزی پهلوانانه و نهیب های جانانه است.

---

[3] Wright, N. T. *The Lord and His Prayer*. WM. B. EERDMANS, 1996.p68

اما مسیح از ما درخواست می کند که دنیا را آنگونه ببینیم که او می نگرد؛ مسیح وجود و حضور شیطان و شرارت را کمرنگ نمی کرد و خسران و دردهای حاصل از تاخت و تاز دشمن را پنهان نمی کرد. زخمها واقعی هستند و اشک ها ریخته خواهند شد و دلها محزون خواهند گشت. او خود برای مرگ ایلعارز گریست[4]. او نیز واقعیت مرگ و رنج را در زندگی دیگران و حتی خود تجربه نمود.

اما او شاهد حقیقت دیگری هم بود و آن نزول پادشاهی آسمان بود. شیطان بر ملک خدا هجوم آورده است، اما پادشاه برای استیلا بر زمین به پاخاسته است. پادشاه آمده و جلال حضرت اعلی نمایان گشته است.

من شاهدم به خونش چون آفتاب تابان

میدان تر مهیاست بهر یلانِ هستی[5]

یکی از بغرنج ترین و مشکل ترین مسائلی که ما مسیحیان (و البته دینداران مذاهب دیگر نیز) با آن دست و پنجه نرم می کنیم، مسألهٔ شر و وجود رنج در دنیاست؛ اساسا هر کس که در این دنیای خاکی، عمری از او گذشته باشد، مطمئناً مزهٔ تلخ درد و رنج را به نوعی چشیده است. آن بیماری که بدنهای ما را مبتلا کرده است؛ عزیزی که جان خود را از دست داده و دیگر در میان ما نیست؛ تراژدی اقتصادی که زندگی روزمره را برای ما دشوار ساخته است و البته هزاران مشکل و سختی دیگر که همگی در مقابل آن نیکویی، برکت و شادی ای قرار می گیرند که من و شما در آرزوی آن زندگی می کنیم. مسألهٔ رنج و شر چنان واقعی و دردناک است که بسیاری

---

[4]یوحنا ۱۱: ۳۵

[5]حسن گرائی نژاد

در زیر سنگینی حزن آن، ایمان خود را ترک کرده، خود را به جریان تلخ این سقوط سپرده اند؛ همچون شخصی که پس از سقوط در دریاچه ای، پس از مدتهای طولانی تقلا و دست و پا زدن تا اینکه شاید بتواند روی سطح آب باقی بماند و یا خود را به ساحل رساند، خسته شده، تسلیم آب می گردد. خستگی مفرط به همراه یاس و ناامیدی، انگیزهٔ تلاش و مقاومت را از وی می رباید و هجوم آب به ششهای خود را با آغوش سرد مرگ می پذیرد و طولی نمی کشد که جسم زنده و گرم وی، چون آب سرد و بی جان می شود.

حقیقت امر این است که من و شما در درون این دریاچه هستیم و البته دست و پا زدنهای ما هم خیال و توهم نیست؛ جریان آب ما را می برد و موجهای سنگین این دریاچه، در صدد است تا آخرین نفسهای درونمان را از جانمان خارج کند؛ اما آنانی که در مسیح عیسی هستند، در پیروزی او شریک می باشند. پادشاهی خدا بر سیلابهای طغیانگر دنیا مستولی شده اند و کافی است که دستهای خود را در دستان مسیح بنهیم.

بنابراین، این دادخواست را (دعای خداوند/ ربانی) دعای دیگری نیز همراهی می کند: بلکه ما را از شریر رهایی ده. گزارهٔ دوم، جملهٔ نخست را روشن می سازد. آنچه اینجا به عنوان وسوسه معرفی می شود، ارتباط مستقیمی به حضور شیطان و فعالیت وی در دنیای ما دارد.

با اینکه پیشتر در این فصل، مطلب را بدین سمت سوق دادم که توجه اصلی این آیه به احتمال زیاد، از وسوسه ها، حضور فعالانهٔ شیطان در خلقت نیکوی خداوند است اما انکار این مطلب نیز جایز نیست که شریر بسیاری را در طغیان و گردنگشی به ضد خدا وسوسه و ترغیب و متقاعد می کند.

آدم و حوا زمانی که در باغ عدن برای کار باغ گماشته شدند، در معصومیت وارد خلقتی شدند که در مدت کوتاهی به خاطر گناه آدم ویران می گشت. آدم سقوط می کند و به همراه وی بشریت در آشوب و سقوط بی مثالی با درد به خود می پیچد؛ آدمی که در مقام نظارت زمین در جلال و جبروت وارد صحنه می شود، در شکستگی و ننگ از باغ بیرون افکنده شده، به سرنوشت تلخ خود، به دور از حضور خدا ادامه می دهد. اما پیش از اینکه این داستان تلخ و شکست قبیح به وقوع بپیوندد، کلام خدا در مورد شخص سومی نیز صحبت می کند که ورود وی به باغ، با طبل و دهل و سُرنا نبود.

> ... مار از همهٔ وحوش صحرا که یهوه خدا ساخته بود، زیرکتر بود... (هزارهٔ نو پیدایش ۳: ۱)

حضور شیطان (مار) در باغ عدن به همراه گفتگوهایی به قصد ترغیب حوا در جهت شکستن فرمانهای خدا بود. کتاب مقدس در ادامهٔ همین آیه می فرماید:

> ... او به زن گفت: "آیا خدا براستی گفته است که از هیچ یک از درختان باغ نخورید؟"

آنچه در این بخش از کتاب پیدایش گزارش داده می شود، نیرنگ زیرکانهٔ مار است که حوا را اغوا کرده، در نهایت، زوج وی یعنی آدم را نیز به تمرد از خدا وا می دارد.

داستان دیگری در کتب عهد عتیق، روایتگر شخصی به نام ایوب است؛ مردی عادل و خداترس که در اطاعت از خدا و زندگی عادلانه نمونه بود. احتمالاً داستان را می دانید؛ کتاب ایوب از ملاقات شیطان و خدا صحبت می کند که در جلسه ای، شیطان در تلاش است تا دینداری ایوب را در حضور پادشاه آسمان، غیرواقعی و سودجویانه به تصویر کشد؛ لذا او می گوید:

" ... آیا ایوب بی چشمداشت از خدا می ترسد؟ آیا جز این است که گِرد او و اهل خانه و همهٔ اموالش از هر سو حصار کشیده ای؟ تو دسترنج او را برکت داده ای، و چارپایانش در زمین افزون گشته اند. اما اکنون دست خود دراز کن و هر آنچه دارد لمس نما، که رو به رو تو را لعن خواهد کرد." (هزارهٔ نو ایوب ۱: ۹- ۱۱)

این گفتگو در نهایت در جایی ختم می شود که خدا اجازه می دهد تا شیطان زندگی او را با لمس شریرانهٔ خویش، ویران نماید. پس از اینکه ایوب در طی حوادثی، فرزندان، مایملک و حتی سلامتی خود را از دست می دهد، زن وی نزد او آمده، سخنانی به ایوب می گوید که طنین افکن ادعاهای شیطان بود.

" ... آیا همچنان کاملیت خود را حفظ می کنی؟ خدا را لعن کن و بمیر!" (هزارهٔ نو ایوب ۲: ۹)

همینطور که صفحات کتاب مقدس را ورق می زنیم و به عهد جدید می رسیم، داستان دیگری نیز جلب توجه می کند؛

روح خدا، عیسی مسیح را به بیابان یهودیه هدایت کرده، در آنجا ابلیس چهل روز او را وسوسه می کند. کتاب مقدس اطلاعات بسیاری در مورد این چهل روز به ما نمی دهد؛ لوقا گفتگوی بسیار کوتاهی را از این چهل روز برای ما ثبت کرده است که بسیار شگفت انگیز است. شیطان به طرق گوناگون در تلاش است تا عیسی مسیح، آدم ثانی را اغوا نموده، او را به گناه کشاند. تیرهای آتشین و فریبهای زیرکانهٔ مار به سوی مسیح پرتاب می شود اما عیسی، خلاف آدم که در باغ عدن به وسیلهٔ دروغ های شیطان هلاک شد، وفادارانه بر شریعت خدا می ایستد و در این کشمکش روحانی، پیروزمندانه به جلو می رود.

کلام خدا شکست دشمن را اینگونه گزارش می دهد:

"چون ابلیس همهٔ این وسوسه ها را به پایان رسانید، او را تا فرصتی دیگر ترک گفت" (هزارهٔ نو لوقا ۴: ۱۳)

در الهیات مسیحی آموزه ای تعلیم داده می شود، به نام "گناه اولیه" که در حقیقت به تاثیر گناه آدم بر نوع بشر اشاره می کند؛ این آموزه به ما می گوید که، انسان چنان از گناه آدم تاثیر پذیرفته که سرشت وی ویران گشته و هر گونه توانایی به اطاعت و فرمانبرداری از وی ربوده شده است. انسان سقوط کرده است و این نزول به حدی جدی و اساسی است که بجز یاری و دستگیری الهی، آدمی توانایی نجات یافتن را ندارد. این تنها خداست که انسان سقوط کرده را که کلام خدا او را مرده ای روحانی می نامد(ر.ک پیدایش ۲: ۱۷)، می تواند حیاتی نو بخشیده، او را راغب به امور روحانی گرداند.

زمانی که نیقودیموس نزد عیسی آمد و به وی گفت که "می دانیم تو معلّمی هستی که از سوی خدا آمده است، زیرا هیچ کس نمی تواند آیاتی را که تو به انجام می رسانی، به عمل آورد، مگر آنکه خدا با او باشد."[6] و عیسی در پاسخ به وی در ادامه گفت: " آمین، آمین، به تو می گویم، تا کسی از نو زاده نشود، نمی تواند پادشاهی خدا را ببیند" و سپس در ادامه باز افزود: "... آمین، آمین، به تو می گویم تا کسی از آب و روح زاده نشود، نمی تواند به پادشاهی خدا راه یابد."

هر چند از نو زاده شده ایم و گناهان ما بخشیده شده است و در حضور خدا پارسا و مقبول واقع گشته ایم، اما هنوز به طور کامل از فساد رهایی نیافته ایم.

---

[6] هزارهٔ نو یوحنا ۳: ۲

دلت گر به راه خطا مایل است
ترا دشمن اندر جهان خود دل است[7]

به قول آگوستین، انسان پس از اینکه نجات می یابد، هم توانایی گناه کردن دارد و هم توانایی گناه نکردن در اوست.[8]

اما هرچند رهایی از فساد نهایی نیست و انسان هنوز در دام دل خویش اسیر است، این به معنای پایان یافتن تباهی و انجام جنگ نیست؛ هنوز هم شیطان بر افکار و تمایلات ما می تازد و این جنگ روحانی از عالم آسمانی به درون ما نیز کشیده شده است؛ به همین خاطر باید به یاد داشته باشیم که دعا برای رهایی از نیروهای ابلیس و حفاظت الهی از هجوم دشمن، یکی از دادخواستهایی است که باید به حضور حافظ آسمانی خود ببریم و از پدر سماوی برای پاسبانی ماوراءالطبیعه طلب کنیم.

---

[7]فردوسی

[8]اگوستین وضعیت انسان را در چهار مرحله تاریخ فدیه بشر اینگونه دسته بندی می کند:

الف: آدم پیش از گناه در باغ عدن: توانا در گناه کردن، توانا در گناه نکردن
able to sin, able not to sin (posse peccare, posse non peccare)

ب: آدم (انسان) پس از گناه کردن در وضعیت سقوط کرده: ناتوان در گناه نکردن
not able not to sin (non posse non peccare)

ج: آدم (انسان) پس از تولد تازه: توانا در گناه نکردن
able not to sin (posse non peccare)

د: آدم (انسان) پس از جلال یافتن: ناتوان در گناه کردن
unable to sin (non posse peccare)

فصل هفتم

زیرا پادشاهی / ملکوت و قدرت / قوّت و جلال، تا ابد / ابدالآباد از آنِ توست. آمین

با اینکه این بخش از دعای خداوند(ربانی) در برخی از نسخ مانند کودکس واتیکنس[1] موجود نیست اما این مطلب از اهمیت و ارزش آن نمی کاهد.[2] اگر حتی عیسی از شاگردانش نخواسته بود

---

[1] Codex Vaticanus

[2]هیچکدام از نسخه های لاتین کلیسای غرب، این بخش از دعای خداوند(ربانی) را ندارند؛اما تقریباً نسخه های یونانی کلیسای شرق این بخش را ثبت نموده اند. این نکته قابل توجه است که این بخش از دعا در انجیل لوقا نیز نیامده است. لوقا، دعای خداوند(ربانی) را به شکلی ناگهانی با این جمله به پایان می رساند: "ما را در آزمایش میاور، بلکه ما را از شریر رهایی ده"
در کتاب "دیداکه" که یکی از رساله های اولیهٔ مسیحی است و شامل دستورالعمل هایی در مورد انضباط کلیسایی می باشد و قدمت آن به اوایل قرن دوم میلادی می رسد، نسخه ای از دعای خداوند(ربانی) در فصل هشتم آن آمده است که البته این بخش به این شکل خاتمه می یابد: "زیرا قدرت و جلال تا به ابد از آن تو است. آمین". نویسندهٔ این رساله، واژهٔ ملکوت را در متن خود جای نداده است.
بسیاری از پژوهشگران معتقد هستند که این بخش در نسخهٔ اولیهٔ انجیل متی وجود نداشته است و بعدها به وسیلهٔ مسیحیان به این انجیل افزوده شده است؛ اما نکتهٔ مهم و قابل توجه در این مطلب این است که مسیحیان برای عبارات تسبیحی نظیر این، همچون یهودیان ارزش بسیاری قائل بودند و بر طبق سنت یهود و عادت یهودیان، نیایش ها، می بایست با حمد و ستایش ختم می شد؛ آنچه داوود در کتاب اول تواریخ به زبان می آورد، دعای یک یهودی و مسلماً دعای مسیح و شاگردان نیز بود؛
"آنگاه داوود در حضور تمامی جماعت خداوند را متبارک خوانده، گفت: ای یهوه خدای پدر ما اسرائیل، تو از ازل تا به ابد متبارک هستی! ای خداوند،عظمت و قدرت و جلال و پیروزی و شکوت از آنِ توست، زیرا هر آنچه در آسمان و زمین است متعلق

تا چنین دعایی را به زبان آورند، به احتمال زیاد به این خاطر بود که سنت زمان و عادت طبیعی و رایج در بین یهودیان این گونه می طلبید تا مناجات، با ستایش و حمد به پایان رسد.[3]

دعای خداوند(ربانی) با توجه و تمرکز بر خدا و ملکوت وی آغاز می گردد و با همان جلال و شکوه به پایان می رسد؛ گویی که تمام تنش و تلاطم دنیا و شکستگی انسان و آه و نالهٔ خلقت، در میان دستان خدا قرار دارد. این ساز از کوک در آمده ای که آوای زیبایی از آن به گوش نمی رسد، در دستان توانای نوازندهٔ آسمان قرار دارد و روزی خواهد رسید که صدای گوش نواز آن، گیتی را پر خواهد ساخت.

هر چند ممکن است آن شریری که برای رهایی از چنگالهای وی به نزد پدر دعا کردیم، داستان دروغ دیگری را به نمایش بگذارد، اما من و شما می دانیم که روایت چیست و پردهٔ آخر چگونه نمایان خواهد شد.

او حتی به عیسی مسیح، شاه شاهان اینگونه گفت:

> " پس ابلیس او را به کوهی بلند برده،تمامی ممالک جهان را در لحظه ای بدو نشان داد. و ابلیس بدو گفت: جمیع این قدرت و حشمت آنها را به تو می دهم، زیرا که به من سپرده شده است و به هر که می خواهم می بخشم. پس اگر تو پیش من سجده کنی، همه از آن تو خواهد شد." (ترجمهٔ قدیم لوقا ۴: ۵- ۷)

به توست. ای خداوند، پادشاهی از آنِ توست، و تو بر همگان چون سَر متعال هستی. دولت و حرمت از تو می آید، و تو بر همگان حاکمی. قوت و توانایی در دست توست، عظیم ساختن و نیرو بخشیدن به همگان، در دست توست. اکنون، ای خدای ما، تو را سپاس می گوییم و نام پرجلالت را می ستاییم. " (هزارهٔ نو اول تواریخ ۲۹: ۱۰- ۱۳)

3 Ryken, Philip Graham. *When you Pray. Making The Lord's prayer your own*. P & R Publishing Company, 2006. p174

شیطان ادعا می کند که تمامی قدرت و جلال و ملکوت در دستان وی می باشد و او صاحب همهٔ آنهاست. زمانی که فشارها، تراژدی ها و روزهای تلخ، ما را احاطه می کنند، این دروغی است که مایل به باورش هستیم؛ دوست داریم به نوعی، وجود شرارت، غم و رنج را در این دنیای شکست خورده توضیح داده، دلیلی قانع کننده که شاید مرهمی بر زخمهای ما بنهد، بیابیم؛ نیز برخی پاسخی نادرست را که شاید راه گریز سریعی را برای ما فراهم می کند برمی گزینیم. شیطان حاکم است و او این قدرت را دارد تا زندگی ما را ویران سازد. او مَلِک این جهان است و قدرت او را همتایی نیست؛ اما وظیفهٔ ما مسیحیان همانی است که مسیح در مقابل ادعای شیطانی ابلیس انجام داد؛ او فرمود:

> " ای شیطان، مکتوب است، خداوند خدای خود را پرستش کن و غیر او را عبادت منما" (ترجمهٔ قدیم لوقا ۵: ۸)

پاسخ چنین خیالات واهی این است که اعلان کنیم که خدا پادشاه است و ملکوت و جلال و قدرت، تنها از آنِ وی می باشد. در آغاز مناجات خود به این حقیقت اعتراف نمودیم که خدا، حاکم است و ملکوت وی برقرار می باشد و در انتهای این نیایش، بار دیگر این امر را به خود یادآور می شویم که خدا حاکم است و همه چیز در دستهای وی و تحت کنترل مطلق الهی می باشد.

که تو پادشاهی و شوکت زتوست

ابد در جلالست و دولت زتوست

خدا پادشاه است و ما به وسیلهٔ این دعا، وفاداری خود را به ملکوت آسمانی وی اعلام می کنیم؛ و زمانی که مطابق خواست و ارادهٔ خدا زندگی می کنیم و ارزشهای مسیح، ارزشهای ما می شود، و آنگاه که کلیسا، انجیل نجات بخش وی را اعلان می کند، دستهای نیازمندان را گرفته، بیوه زنان را دستگیری نموده، افتادگان را بلند

کرده، تشنگان را سیراب می سازد، و گرسنگان را سیر کرده، اسیران را یاور شده، برای دردمندان مرهم می شود؛ آن زمان است که نور جلال و قدرت و ملکوت وی، از طریق سفیران مسیح، به دنیا می تابد.

کلیسا نشانه و خبر آمدن خداست. او می آید و همه چیز را نو خواهد ساخت. او می آید و با خود آسمان را نیز می آورد.

آمین

فهرست کتابها

Augustine, "Our Lord's Sermon on the Mount, " in saint Augustine: Sermon on the Mount, Harmony of the Gospels, Homilies on the Gospels, ed. By Philip Schaff, Nicene and Post-Nicene Fathers, First Series, 14 Vols. (Christian Literature, 1888; repr. Peabody, MA: Hendrickson, 1994) 6: 1-63

Barclay, William. *The Lord's Prayer. What the Bible tells us about the Lord's Prayer.* 1975: . Saint Andrew Press.

Brueggemann, The New Interpreter's Bible,

Crossan, John Dominic. *The Greates Prayer:Rediscovering the Revolutionary Message of The Lord's Prayer.* 2010: Harper One.

Doberstein, John W. *Minister's Prayer book.* 1959: Fortress.

James Barr, "Abba Isn't Daddy", Journal of Theological Studies, 39, (1988)

John Calvin . *Institutes of the Christian Religion.* Translated by Henry Beveridge. Third Book. Henrickson Publishers, Inc, 2008.

Kenneth L. Woodward, "Hallowed be Thy name," Newsweek (June 17, 1996),

Origen, Origen's Treatise on Prayer, Trans. and ed. By Eric George Jay. London SPCK 1954.

Luther, Martin . *The Table Talk of Martin Luther.* Translated by T. S. Kepler. New York: World Publishing, 1952.

Pink, Arthur. *The Lord's Prayer,* . 2011: Bottom of the Hill Publishing.

Packer, J. I. *Praying The Lord's Prayer* . Crossway, 2007.

Redding, Mary Lou. *The Lord's Prayer.* 2011: Upper Room Books.

Ryken, Philip Graham. *When you Pray. Making The Lord's prayer your own.* P & R Publishing Company, 2006.

Saint John Chrysostom: Homily XIX on the Gospel of saint Matthew

Willimon , William H. *Lord Teach us: Lords Prayer and Christian Life*. , Willimon & Stanley Haurwas. Abingdon Pres, 1996.

Witherington, Ben, III. *Imminent Domain: The story of the kingdom of God and its celebration*. 2009: WM. Eerdmans.

Wright, N. T. *Simply Jesus: A New Vision of Who He Was, What He Did, And Why He Matters, by N.* . Harper One, 2011.

Wright, N. T. *Surprised by Hope: Rrthinking Heaven, The resurrection, and the mission of the Church*. Harper one, 2008.

Wright, N. T. *The Lord and His Prayer*. WM. B. EERDMANS, 1996.

Wurmbrand, Richard . *Give a Gem at Christmas*. Wurmbrand, December 1998.

Young, William P. *The Shack*. July 2007: Windblown Media.

Wiersbe, Warren W. *On Earth as it is in heaven: How the Lord's prayer teaches us to pray more effectively*. 2010: BakerBooks.

کتاب پرسش و پاسخ‌های شفاهی ایمان مسیحی (مطابق با پرسش و پاسخهای معمول در کلیساهای اصلاح شده و شورایی)
مترجم: کشیش فریبرز خندانی

اعتقادنامهٔ وست مینیستر ترجمهٔ شهید کشیش طاطه ووس میکائلیان. انتشارات جام.

دیداکه ۸: ۳، چاپ، پژوهشگاه علوم انسانی و مطالعات فرهنگی. پرتال جامع علوم انسانی. هفت آسمان شماره ۴۴

در صورت تمایل می توانید نظرات و پرسشهای خود را برای نویسنده به آدرس الکترونیکی زیر ارسال نمایید:

edwinabnous@gmail.com

یادداشت

یادداشت

یادداشت

یادداشت

یادداشت

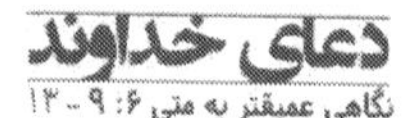

یادداشت